墨香财经学术文库

"十二五"辽宁省重点图书出版规划项目

"一带一路"倡议下我国装备制造业国际产能合作机制研究

The Research on the Mechanism of International Production Capacity Cooperation in China's Equipment Manufacturing Industry under "the Belt and Road" Initiative

黄庆波 著

东北财经大学出版社 大连

Dongbei University of Finance & Economics Press

图书在版编目（CIP）数据

"一带一路"倡议下我国装备制造业国际产能合作机制研究 / 黄庆波著 ．
—大连：东北财经大学出版社，2023.11
（墨香财经学术文库）
ISBN 978-7-5654-5024-2

Ⅰ.一…　Ⅱ.黄…　Ⅲ.装备制造业－国际合作－研究－中国　Ⅳ.F426.4

中国国家版本馆CIP数据核字（2023）第210712号

东北财经大学出版社出版发行

大连市黑石礁尖山街217号　邮政编码　116025
网　　址：http://www.dufep.cn
读者信箱：dufep @ dufe.edu.cn

大连图腾彩色印刷有限公司印刷

幅面尺寸：170mm×240mm　字数：165千字　印张：12.25　插页：1
2023年11月第1版　　2023年11月第1次印刷
责任编辑：蔡　丽　　责任校对：惠恩乐
封面设计：原　皓　　版式设计：原　皓
定价：68.00元

教学支持　售后服务　联系电话：（0411）84710309
版权所有　侵权必究　举报电话：（0411）84710523
如有印装质量问题，请联系营销部：（0411）84710711

本书受深圳市人文社会科学重点研究基地项目（2021—2023）资助

前言

　　2023 年是"一带一路"倡议提出十周年。2013 年，国家主席习近平提出了建设丝绸之路经济带和 21 世纪海上丝绸之路的倡议。2014 年，李克强总理提出"国际产能合作"的概念。2015 年，在《关于推进国际产能和装备制造合作的指导意见》中，中国政府首次在官方文件中阐述了推进国际产能合作的必要性。十年来，"一带一路"建设硕果累累，国际产能合作成为中国与共建国家开展互利合作的重要抓手和中国经济迈向中高端水平的重大举措，也成为推动新一轮高水平对外开放、构建多元稳定对外开放格局的重要内容。

　　虽然国际产能合作早在国际贸易和投资理论中有所提及，但一直没有形成明确的定义和成形的理论。在中国推进建设"一带一路"的背景下，国际产能合作被赋予了新的含义。作为一种新型的国际产业转移方式，国际产能合作在国际产业转移理论的支撑下，重新配置全球生产要素，实现降低建设成本、扩大就业规模和推进经济建设等重要目标。国际产能合作体现了中国的大国责任以及构建人类命运共同体的历史使命，具有输出性、合作性和复杂性等特征。

第一，产业和产能的输出是国际产能合作最基本的形式，中国推动产业能力与产业链的整体输出，不仅能够促使国内产能和产品进入国际市场，输出优势产能和富余产能，还能深度参与全球价值链分工。

第二，国际产能合作更加注重发挥各国的比较优势，通过在产能、技术、资本等方面开展合作，提高东道国的制造能力，推动产业多元化发展，共同构建完善工业体系。

第三，国际产能合作形式多样，包含国际贸易、对外投资、金融合作、跨国并购、对外承包工程、跨国资源开发、劳务合作及技术转让等，进行国际产能合作的国家可以根据发展特点选择恰当的方式，开展合作和交流，实现互利共赢。

与"一带一路"共建国家相比，中国在钢铁、铁路、机械、电子、有色金属、建材、电力等制造行业能力较强、技术水平处于国际先进水平，有能力"走出去"进行产能合作；"一带一路"共建国家正处于工业化的关键时期，亟须提高工业化建设能力。因此，与"一带一路"共建国家开展装备制造业的国际产能合作，通过输出装备产品，并依托中国现有的技术与能力，以产能输出带动产业输出，帮助共建国家建立和完善工业体系。

本书正是在这样的背景下，依托国家社科基金项目的研究成果，并结合当前"一带一路"共建国家装备制造和国际产能合作的实际进行系统梳理，形成书稿。本书按照理论基础、现状分析、机制分析和优化策略四个方面展开，全书分为四篇。第一篇为理论基础部分，包括第一章和第二章，阐述研究背景和研究意义，对相关概念和原理进行界定，梳理国内外相关文献并进行评述，为全书的分析奠定基础。第二篇为现状分析部分，包括第三章和第四章，阐述中国装备制造业现状并实证分析"一带一路"倡议下中国装备制造业产能合作的影响因素。第三篇为机制分析部分，包括第五章和

第六章，阐述机制的构建和机制的实现路径。第四篇为优化策略部分，包括第七章，从空间布局、产业结构、主体行为、合作方式四个方面提出相应策略。

感谢深圳市人文社会科学重点研究基地项目的资助，感谢东北财经大学出版社的支持。本书的数据收集、资料整理、文稿校对得到了大连海事大学研究生张筱涵、梁雪涵、郭佳佳、王宇豪、林凯粤、张海燕、刘莹、王鑫、王铂淇、姜家顺的帮助，在此一并表示感谢。

由于水平所限，书中难免存在不足之处，敬请批评指正。

黄庆波

2023 年 8 月

▌目录

第二篇 现状分析部分

第三篇 机制分析部分

第四篇　优化策略部分

第一篇　理论基础部分

第1章 绪论

本章从世界装备制造业都面临转型升级压力、国际产能合作成为国际经济合作趋势的大背景出发，探讨"一带一路"倡议下中国装备制造业升级的状况，进而阐明研究意义，为全书的分析奠定基础。

1.1 研究背景

1.1.1 世界经济面临转型升级的压力

次贷危机爆发以来，世界经济复苏乏力，整体表现出国际投资活动低迷、国际贸易增速放缓、全球债务水平持续提高和金融市场动荡等特征。同时，《世界经济黄皮书：2019年世界经济形势分析与预测》指出，未来世界经济面临诸多挑战，包括：美国经济下行的可能性较大；金融市场可能进一步剧烈动荡；各主要国家应对下一轮经济衰退的政策空间受到限制；全球贸易摩擦可能带来较大负面影响；逆全球化措施将阻碍国际贸易和投资的发展；地缘政治风险、民粹主义和民族主义等问题也将影响世界经济的稳定与发展。可见，在上述多重挑战的压力下，世界经济亟须转型升级。

当前，国内外经济形势并不可观，世界经济面临下行压力。由图1-1可见，全球金融危机后，世界经济增速放缓，GDP增速逐年下降，由2010年的4.53%下降至2018年的3.28%。随后受新冠肺炎疫情的影响，2020年的世界GDP增速下降至−3.27%。中国的GDP年增长率变化趋势与世界保持一致，自2008年以来保持缓慢下降的趋势，从2008年的9.7%逐渐下降至2018年的6.8%。虽然中国GDP年增长率高于世界，但仍面临经济下行的风险与压力。

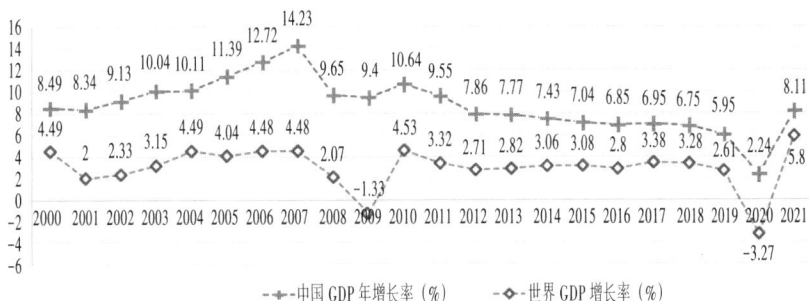

资料来源：世界银行。

图1-1 2000—2021年世界及中国GDP增长率的变化趋势

经济下行的压力在一定程度上或将导致贸易增速放缓，全球贸易格局发生变化。贸易体系改革结果将显著影响贸易格局。当前，国际贸易体系与规则处于新一轮变革和重构期，但是WTO改革方向尚不明确，多边贸易规则或受到冲击，外贸将面临长期挑战。多边贸易体系改革愈发成为共识，但在如何改革方面存在诸多分歧，发达国家与发展中国家的观点不一致。另外，经济全球化的发展使得全球价值链和产业链发生变化，在新型国际分工体系下，世界贸易结构得以重塑。在全球价值链的时代背景下，国际贸易的中心由最终品转向中间品，中间品的贸易量高速增长，在世界贸易总额中占比高达2/3。

1.1.2 国际制造业格局进行深刻调整

在全球贸易格局发生深刻变化的当下，国际制造业格局也在演化和发展，这在一定程度上影响着世界经济态势。目前，全球进入第五轮产业转移新周期，要素逐步优化重组，制造业正向东南亚、南亚、非洲和拉美地区转移。对于中国来说，劳动力和土地成本的上升以及资源的枯竭，日益成为制约经济高速增长的因素。因此，随着第五轮产业转移与要素重组的加快进行，国内位于中低端的产业链逐步向拥有劳动力和人口红利的国家转移，如中国的纺织服装等劳动密集型行业在向外转移，对外转移地区主要集中于印度、马来西亚、泰国、越南、印度尼西亚等国家。在此背景下，改革创新成为各国化解挑战、谋求发展的方向，世界各国谋求共商、共建、共享，建立紧密伙伴关系，共同优化产业布局。

目前，世界经济低迷，国际制造业格局有所调整，中国装备制造业的发展面临严峻挑战。美国经济复苏迹象不明显，欧洲、日本等经济体出现不同程度的萎缩状况，大宗商品价格存在不确定性，导致国际需求下降，全球需求结构发生变化，给出口导向特征明显的装备制造业的发展造成巨大冲击。欧美贸易保护主义的强化，严重影响了中国装备制造业的出口。在世界经济不景气的大环境下，中国装备制造业面临发达国家"再工业化"和新兴经济体迅速崛起的双重压力。来自发达国家的压力具体表现在：美国、德国等发达国家为了抢占制造业市场，进行再工业化，大力发展制造业，尤其是高端制造业。为推动制造业回流，美国建立了全国先进网络中心，制定了重振美国制造业框架、先进制造伙伴计划和先进制造业国家战略计划，并通过建立先进制造技术研发创新中心，促进其高端制造业发展。欧盟国家更加重视制造业的发展，致力于在2020年将工业占GDP的比重提升至20%。德国先后推出了"工业4.0"战略和《德国工业战略2030》，引导制造业的发展方向。俄罗斯为了支持先进制造业的发展，于2011年成立"战略创意机构"。面对国际制造业发展的新形势，中国提出

《中国制造2025》的宏大计划，推动中国由制造大国向制造强国转变。虽然中、美、德三国都提出"重振制造业"的战略规划，但是由于各国制造业发展水平不同，其战略的侧重点也有所差异（见表1-1）。来自新兴经济体的压力主要体现在新兴经济体劳动密集型制造业的逐步强大。这些经济体拥有资源、劳动力等比较优势，不仅有利于加工制造业的发展，而且能以更低成本承接相关产业的转移。在这种经济大环境下，中国装备制造业需要谋求新的发展方式，以应对全球制造业格局的变化。

表1-1 　　　　　　　　中、美、德三国重振制造业战略比较

项目	中国	美国	德国
战略目标	到2025年，制造业发展达到制造强国水平；到2035年，制造业迈入世界制造强国阵营中；到2049年，制造业综合实力达到世界制造强国先进水平	在短期内，能够刺激经济复苏，加大出口规模，解决就业问题；在长期，能够增强国家实力，在世界工业中占据主导地位	提升制造业技术水平，推动智能化发展，保持制造业的领先地位，积极探寻发展机遇
重点任务	提高制造业研发创新水平；推动制造业的信息化、智能化与绿色化；加强制造业品牌建设	大力发展先进制造业，构建开放智能的现代工业体系，实现机器间以及企业间的互联	信息技术与工业体系融合发展，构建具有个性化和数字化特征的智能制造模式，实现人与产品实时互联互通
核心领域	新一代信息技术、海洋工程装备、新材料、先进轨道交通装备、节能与新能源汽车、高档数控机床和机器人、航空航天装备等	信息技术和通信技术、人工智能、先进材料、生物工程、高端医疗设备和药物、航空航天技术等	健康和营养、交通、气候和能源、安全、电子通信等

1.1.3 中国装备制造业处于升级创新的关键阶段

随着新一轮技术革命的推进，加快制造业建设、推动先进制造业发展成为推动中国经济高质量发展的重要举措，其中装备制造业作为制造业的核心，正处于转型升级的关键时期。全球化生产方式的变革以及新型国际分工体系的形成，使中国产业嵌入全球价值链，这给中国装备制造业发展带来了机遇与挑战。中国装备制造业面临新一轮信息技术带来的机遇。党的十九大报告强调，在强化优化实体经济的同时，要推进人工智能、互联网及大数据与实体经济融合，促进产业结构转型升级，培育世界级先进制造业集群。党的二十大报告指出："推动战略性新兴产业融合集群发展，构建新一代信息技术、人工智能、生物技术、新能源、新材料、高端装备、绿色环保等一批新的增长引擎。"但是，作为工业发展的基础，中国装备制造业也处于严峻的发展形势，同时面临着发达国家再工业化和新兴经济体同质竞争的双重挤压。因此，要想推动装备制造业高质量发展，促进中国经济高质量发展和迈向全球价值链中高端，装备制造业亟须通过产业的升级创新实现转型发展。

装备制造业是制造业的脊梁，也是国民经济的支柱产业。虽然中国装备制造业处于上升阶段，但国际竞争力较小，出口的大多是一些低附加值的产品，位于价值链的低端，与世界先进国家相比还有很大差距，大而不强特征明显，在国际贸易中处于劣势。中国装备制造业仍面临诸多问题：

第一，中国装备制造业产业结构不合理，产业同质化竞争问题突出，导致低端产能严重过剩，而高端产能不足，技术密集型的产品和装备不能满足国内经济运行的需求。2022年，全国高技术制造业、装备制造业增加值占规模以上工业增加值比重分别达到15.5%和31.8%，较2012年分别提高了6.1和3.6个百分点，在新一代信息技术、高端装备、新材料、新能源及智能网联汽车等多领域建成45个国家先进制造业集群，主导产业总产值达到20万亿元。高端装备制造业虽取得快速发展，但在工业产值中的比重仍较低。

第二，部分装备制造行业的产品得不到保障，质量的可靠性较差，主要表现在产品质量发展水平低、标准结构不合理及品牌建设滞后等方面。

首先，一些领域的产品质量安全性、稳定性和一致性远远低于国际先进水平，产品质量发展有待提升。

其次，部分领域的产品检测标准等没有与国际标准对接，不能很好地与新产品对接，技术标准适用性较差，缺乏高端产品的关键性技术。

最后，一般装备制造强国都有知名度比较高的大型跨国公司，品牌服务与建设完善；发达国家拥有世界装备制造业 90% 的知名商标所有权。中国装备制造业缺少具有国际影响力与知名度的品牌，对品牌的规划与管理观念亟待更新。

第三，自主创新能力薄弱。目前，中国制造业整体创新能力不强，装备制造业的产品和核心技术在国际上缺乏竞争力。在机械制造领域，高档数控机床、高端传感器、机器人关键部件及高性能轴承、齿轮、液-气-密件等关键基础件亟须加强自主创新；在航空航天领域，航空发动机、航电系统、材料存在短板，亟待提升智能设计制造、高性能复合材料、精密超精密加工、特种加工技术工艺；在高端医疗设备领域，超声、电子显微镜、生物电/磁、X 射线、磁共振、光学成像及核医学影像等自主研发不足。中国装备制造业长期面临研发人员数量偏少、研发投入经费不足和先进制造技术研发能力较弱的问题。

第四，核心技术对外依存度高，光纤制造装备、石油化工装备和数控机床设备等中高端成套装备大多依赖进口。同时，在智能化嵌入式软件、高速精密轴承等方面自给率低，对外依赖度高。此外，国产智能装备的性能和稳定性难以满足中国装备制造业智能化发展的需求，约 90% 的工业机器人、70% 的汽车制造关键设备、40% 的大型石化装备严重依赖进口。

第五，装备制造业融资困难。装备制造业的研发资金，设备优化、产业升级等方面的资金支持较少，尤其是受到全球金融危机和欧洲债务危机的影响，装备制造业企业面临着融资难、融资负担重、融资成本高的问题，企业融入的资金难以满足长远发展的需求，融资效率难以提升。

1.1.4　国际产能合作成为国际经济合作的趋势

随着全球区域经济一体化的持续发展，国际贸易和国际投资格局发生深刻的变革，世界各国均处于发展转型的重要阶段，需要进一步激发经济发展的动力。全球金融危机爆发以来，世界经济格局从之前"中心-外围"的单循环体系向"双环流"体系转化。与传统的国际经济合作不同，国际产能合作致力于将世界范围内的产业链"并联"起来，建立起更加科学、有效的生产网络，而不单单是"串联"起合作双方在产业链上的不同位置，达到相互取长补短的目的。另外，国际产能合作可通过两种不同渠道进行：既可以通过传统的产品输出方式进行产能的位移，也可以通过产业转移的方式完成产能的位移。这种合作方式超越了传统的仅仅依靠资本输出的方式，它既包含商品的输出，又包含资本的输出；既有资本的输出，又有技术的流动。因此，基于国际产业分工与产业发展的全球化内在需求，国际产能合作通过国际贸易、国际投资、国际开发合作等方式，将产业发展布局从一个国家或地区转移扩展至另一个国家或地区，重构全球产业链、价值链与资本链，实现生产要素在全球范围内的重新配置组合。国际产能合作凭借其独特的优势，在新时期超越贸易、投资等合作方式，逐渐成为国际经济合作的新选择。

国际产能合作不仅可以促进产业结构的优化升级，加快世界经济增长，而且对推动中国经济发展具有重要意义。四次国际产业转移大浪潮表明，国家间及区域间的产能合作有助于发展中国家产业结构优化升级并加速工业化进程，从而促进全球经济增长。同时，作为国际经济合作的一种新方式，国际产能合作是中国应对经济新常态的重要举措，是"走出去"战略的升级版，是结合中国国情、世界经济发展规律，由理论到实践的探索创新，而不是简单照搬西方国家的经验做法。全球金融危机以后，传统的发展模式发生改变，已经不能单纯依靠国际贸易拉动经济增长。因此，中国通过国际产能合作，利用对外直接投资等合作方式将富余的优质产能向国外转移，逐步由商品供应者向资本供应者转变。中国所倡导的国际产能合作，不仅能够满足发展中国家对先进装备的需求，助力其基础设施建设，为发达国家重振制造业提供经济增长动力，还能通过产能的转移调整优化中国的产业结构。

1.1.5 "一带一路"倡议提供装备制造业国际产能合作的契机

随着国内外环境的不断变化，中国装备制造业企业在发展中面临的制约因素越来越多，市场红利和国内投资的边际收益都在不断递减。"一带一路"倡议为中国装备制造业开展产能合作提供了契机。

第一，"一带一路"倡议为中国深化合作提供平台和机遇。"一带一路"辐射范围广，是世界上跨度最广的经济合作带。其涉及国家众多，各国要素禀赋差异显著，而中国与这些国家互补性较强：中国拥有充足的外汇储备、优质的产能和较为先进的管理经验等，但是一些市场广阔的国家可能市场供给不足，资源丰富的国家可能缺乏深度开发，劳动力充裕的国家可能缺少就业岗位，基建需求旺盛的国家可能资金紧缺。因此，"一带一路"倡议为中国与共建国家实现产业对接和优势互补创造了机遇。

第二，从文化传承和对外开放的角度，"一带一路"倡议延续了古代丝绸之路的和平合作、开放包容和互利共赢的精神，有利于中国通过开展国际产能合作深化全球价值链参与，并尝试构建区域价值链。

第三，"一带一路"倡议纳入了更多的国家，促进了中国更高水平的对外开放，同时扩展了中国各行业的合作范围。

"一带一路"倡议是中国从以往由发达国家跨国公司主导的"中心–外围"单环流体系向将中国作为枢纽点的双环流体系转变的契机，为中国与共建国家开展产能合作提供机会，为装备制造业的价值链升级创造机会。如图1-2所示，中国装备制造业位于发达国家主导的价值链A的低端，在"一带一路"倡议下，与共建国家深入开展产能合作，构筑由中国主导的价值链B，通过资源的优化配置，向面向全球的价值链C的高端进行跃迁。因此，"一带一路"倡议为中国装备制造业摆脱低端创造机遇，为装备制造业合作提供契机。

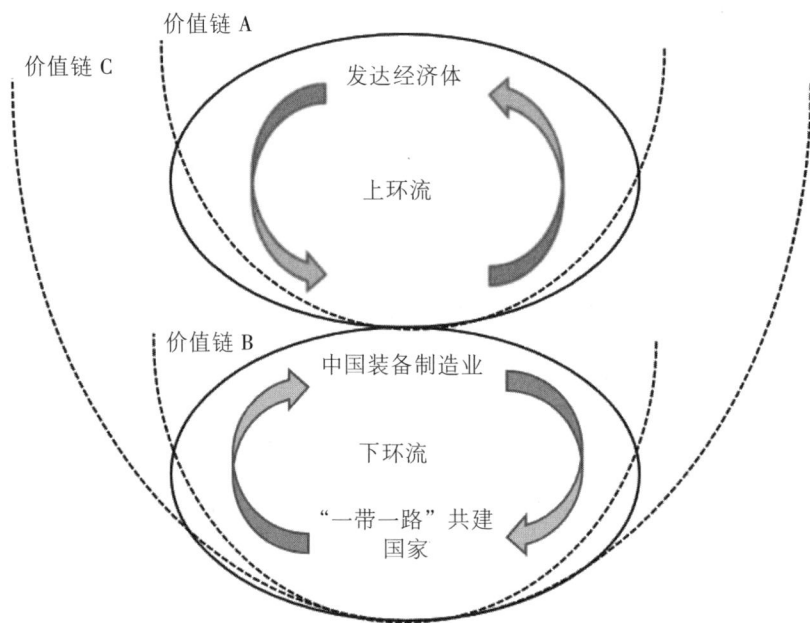

图 1-2 中国装备制造业在全球价值双环流中的位势演进

"一带一路"倡议为中国装备制造业"走出去"带来巨大的机遇，通过与"一带一路"共建国家加强装备制造业的投资与合作，满足了共建国家工业化建设的需要，推进了各国的工业化进程。"一带一路"共建国家是中国对外直接投资的重要目的地，也是中国基建、装备、服务及技术的重要市场。由于各国之间的发展差距大，许多新兴经济体和发展中经济体技术需求旺盛，为中国输出装备产品的核心技术提供契机。高铁、电力装备、船舶、工程机械及电子信息制造业等都已经成为中国制造的优势产业，"一带一路"倡议下的基建先行带来机械设备的出口需求，为装备制造业消化结构性过剩提供新途径。"一带一路"建设也推动了装备制造业开展产能合作：

一是主动对接"一带一路"共建国家工业通信业发展战略，积极进行政策交流，推动建立行业标准体系，挖掘合作潜力；

二是健全服务体系，建立合作机制，重点对接国家发展和改革委员会、商务部、国家开发银行、中国进出口银行等机构；

三是积极搭建装备制造业国际产能合作平台，利用双边、多边合作机制，深化与共建国家的产业合作。

1.1.6 政府为装备制造业"走出去"营造良好政策环境

装备制造业是为国民经济中其他行业提供机械设备的产业，与其他各行业的关联度较高，具有规模大、技术密集和资金密集的特点。由于装备制造业是各行业实现产业升级、技术提升的重要保障，因此在国家经济中具有很高的战略地位，能够体现一个国家或地区的经济综合实力。由表1-2可见，经过多年发展，尤其是自2006年国务院印发《关于加快振兴装备制造业的若干意见》以来，中国装备制造业已经形成了具有一定规模、门类完备的产业体系，成为中国国民经济的重要组成部分和支撑，具备一定的技术能力与国际竞争力。

表1-2   政府有关推动装备制造业发展的相关政策

年份	相关政策
1998	中央经济工作会议明确提出"要大力发展装备制造业"
2006	国务院印发《关于加快振兴装备制造业的若干意见》
2015	国务院印发《中国制造2025》
2015	国务院印发《国务院关于推进国际产能和装备制造合作的指导意见》

续表

年份	相关政策
2016	产能合作纳入《中华人民共和国国民经济和社会发展第十三个五年规划纲要》
2016	国务院常务会议审议通过《装备制造业标准化和质量提升规划》
2021	《中华人民共和国国民经济和社会发展第十四个五年规划和2035年远景目标纲要》明确提升制造业核心竞争力的八个方向

当前，国际产能合作是推进"一带一路"倡议尽快落实的重要举措之一，因此，中国政府出台了一系列政策措施，将其纳入"十三五"时期的重点工作，大力支持中国与共建国家开展产能合作。

2015年3月，为推动中国由制造大国向制造强国转变，国务院常务会议审议通过了《中国制造2025》。

2015年5月，国务院印发了《国务院关于推进国际产能和装备制造合作的指导意见》，文件中强调以通信、电力、建材、有色、钢铁、铁路、汽车、工程机械、化工、轻纺、航空航天、船舶与海洋工程等行业作为国际产能合作的重点领域，从而开启了中国装备制造业国际产能合作在新时期的新征程。

2016年，《中华人民共和国国民经济和社会发展第十三个五年规划纲要》明确提出，为加快推动装备、技术、标准、服务"走出去"，采用境外投资、工程承包、装备出口、技术合作等方式开展国际产能和装备制造合作。

2016年4月，国务院常务会议通过了《装备制造业标准化和质量提升规划》，规划要求对接《中国制造2025》，将新一代信息技术、航空航天装备等十大领域作为重点发展方向，提升产品技术和质量；实施装备制造标准化、智能化和绿色化工程；进一步推动中国装备、技术、标准、服务"走出去"。

2021年，《中华人民共和国国民经济和社会发展第十四个五年规划和2035年远景目标纲要》提到了制造业核心竞争力提升方面，明确了8个方向，分别是高端新材料、重大技术装备、智能制造与机器人技术、航空发动机及燃气轮机、北斗产业化应用、新能源汽车和智能（网联）汽车、高端医疗装备和创新药、农业机械装备。

1.2 研究意义

1.2.1 推动中国装备制造业产业结构升级和调整

装备制造业对经济增长和工业化进程具有重要的推动作用，在国际产业不断转移与国际分工不断深化的新格局下，全球价值链结构发生变化，世界多数国家重新开始注重制造业的发展。因此，中国装备制造业应该谋求新的发展机遇，改善"大而不强"的状态。"一带一路"倡议的提出为中国装备制造业进一步开展国际产能合作创造了发展机遇，有利于装备制造业产业的结构调整。在进行国际产能合作的过程中，装备制造业不断整合全球资源，调整和升级产业结构，在实现装备制造业在全球价值链中地位的提升的同时，中国由生产消费市场向装备制造提供基地转变。

在"一带一路"倡议下，中国装备制造业与共建国家开展国际产能合作，既能够实现优质产能的输出，又能够通过资源的优化配置进一步优化产业结构。装备制造业是制造业的核心和支柱，是社会经济发展的基础性产业，也是各行业产业升级、技术进步的基础条件。高度发达的装备制造业是实现工业智能化的必要条件，也是一个国家综合国力的集中体现。"一带一路"倡议的提出为中国装备制造业开展国际产能合作提供契机，通过国际产能合作，各共建国家实现共赢。对共建的发展中国家和新兴经济体而言，这些国家承接中国转移的优质的装备制造业产能，共享发展成果，推进本国工业化进程，促进经济发展。对于中国，国际产能合作推动国内装备制造业产业结构升级。

首先，通过国际产能合作的方式，中国可以充分利用东道国的资源,包括劳动力、市场等,形成投资国、东道国和第三方市场的规模经济,根据各共建国家的优势,获取东道国的生产要素。通过布局相应的装备制造项目投入生产,促进要素资源的优化配置,降低生产成本,提高国际竞争力,进而促进产业向中高端水平发展。

其次,通过产业转移输出优质产能,同时发挥中国企业自身的技术与资本优势,增强企业盈利能力,改善产业发展现状,进而推动中国装备制造业的研发创新,促进装备制造业向智能化和绿色化方向发展的转型升级。

1.2.2 深化"一带一路"共建国家建设与合作

国际产能合作是"一带一路"建设的重要内容,与共建国家深入开展国际产能合作是"一带一路"建设的关键,也是"一带一路"建设高质量发展的支撑。"一带一路"倡议的提出,不仅有利于各共建国家共同进步,构建完善的产业链,还有助于经济全球化朝着开放包容和互利共赢的方向发展。为推进装备制造业与"一带一路"建设的协同发展,国务院印发了《关于推进国际产能和装备制造合作的指导意见》,力图通过装备制造的产能合作助力"一带一路"建设蓝图。

作为"一带一路"建设的重要支撑,深入开展国际产能合作,能够促进"一带一路"建设的高质量发展。随着"一带一路"倡议的提出,中国装备制造业国际产能合作规模逐渐增大,境外经贸合作区作为促进中国和东道国经贸合作双赢的重要载体,发挥着推动装备制造业企业"走出去"的作用。因此,装备制造业通过开展国际产能合作,以境外经贸合作区、境外基础设施建设等为重点,推动跨境物流便捷化,日益完善机制保障,加强金融合作,将会深入推进"一带一路"建设。此外,装备制造业国际产能合作与"一带一路"建设协同发展、相互促进。随着"一带一路"建设的推进,相关平台和政策日益完善,为产能合作的发展提供保障。

首先,打造的共商国际化平台与载体是各国和国际组织深化交往、增进互信、密切往来的重要平台。

其次，亚洲基础设施投资银行（以下简称亚投行）等融资平台为产能合作提供资金保障，有效降低了产能合作中的风险。

最后，通过与"一带一路"共建国家的装备制造业产能合作，中国装备制造业向全球价值链中高端攀升，国际分工地位提升；同时，"一带一路"共建国家通过合作融入全球价值链，价值链得以重构，朝着更加动态、包容、公平和网络化的方向发展。

1.2.3 实现同共建国家的产业优势互补与协同发展

改革开放以来，中国各产业逐渐加大创新力度，进入由中国制造向中国创造的转型期。根据 2015 年《工业化蓝皮书："一带一路"沿线国家工业化进程报告》，"一带一路"的 65 个共建国家中，仅有 14 个国家的工业化水平高于中国，而大多数发展中国家和新兴经济体的工业化水平低于中国，工业化程度较低，正处于工业化进程的推进阶段。中国不仅在钢铁、铁路、电力、建材、汽车、通信、工程机械、航空航天等行业有比较优势，而且在高铁、通信技术、智能制造装备、先进轨道交通装备等新兴产业方面的国际竞争力也较强。可见，中国与共建国家存在的资源禀赋差异以及互补性较强的产业结构，有利于中国与其开展国际产能合作，进而发挥不同国家的优势，构建新兴产业链，创造区域新的增长极。因此，顺应共建国家推进工业化进程以及产业转型的趋势，支持中国装备制造业"走出去"，鼓励与共建国家开展国际产能合作，对于共建国家完善能源基础设施建设、电网建设和铁路交通建设等基础设施建设有重要的现实意义。

当前，全球现代基础设施建设增强，发展中国家和新兴经济体的工业化及城镇化进程加快，中国与"一带一路"共建国家开展多维度的国际产能合作，积极进行境外基础设施投资，满足了共建国家借助外力实现突破的需求，促进了共建国家经济和社会发展。在装备制造业领域，虽然中国与"一带一路"共建国家存在阶段性和结构性的发展差异，但是仍然存在很大的合作空间和潜力，而合作的目标在于全面实现设施联通、政策沟通、民心相通、贸易畅通和资金融通。"一带一路"各共建国家都有不同的资源和发展优势，通过开展合作，中国与其他国家相互借力，共同发展。在投资方面，中国装备制造业的范围更广阔，使得在"一带一路"共建国家间进行的产能合作更加充满活力。

1.2.4 增强产业的国际竞争优势并提高国际地位

国际产能合作是中国"走出去"战略的升级版，是一种以对外直接投资为主导的新型合作方式。由于国际产能合作强调互通有无、互惠互利，因而比国际贸易受到更广泛的关注和欢迎。与"一带一路"共建国家开展国际产能合作，不仅需要单纯的投资，更需要不断进行创新，包括技术创新、管理创新、制度创新和商业创新等。伴随着持续的探索创新，中国的装备制造业竞争优势会不断增强，进而形成新的经济增长点。与共建国家保持稳定的产能合作关系，在共建国家市场占据一定的市场份额，能够促使中国有效利用东道国资源，提高资源配置效率，增大产业国际竞争优势，促进经济增长。

此外，推动中国装备制造业优势产能"走出去"，是国家软实力输出的一种途径，有助于中国提高国际地位。

首先，合作进行产业项目，能够带动国内相关机器设备、技术标准、发展经验和投资规则输出，有助于中国扩大国际影响力，反向增强产能合作。

其次，产能合作并不仅是单纯的经济合作问题，也涉及中国与共建国家双边政治、文化、安全等层面的问题。中国通过共商、共建、共享方式，强化装备制造业产能对接与深度融合，展现了中国在"一带一路"倡议中所秉持的开放性姿态，能够为中国与共建国家间构建新型国际关系和人类命运共同体奠定良好的基础。

1.2.5 推动中国装备制造业向价值链高端、高附加值方向攀升

装备制造业的发展有助于拉动经济增长以及工业化进程的发展。由于国际产业不断发生转移、国际分工不断深化，装备制造业全球价值链结构也相应发生了调整与变化，越来越多的国家开始注重制造业尤其是装备制造业的发展。因此，中国装备制造业应该谋求新的发展机遇，改善"大而不强"的状态。"一带一路"倡议的提出为中国装备制造业进一步开展国际产能合作创造了发展机遇，有利于装备制造业产业的结构调整。在进行国际产能合作的过程中，装备制造业通过不断整合其他国家的资源，在此基础上调整并升级本国的产业结构，在推动装备制造业在全球价值链中地位的提升的同时，中国由生产消费市场向装备制造提供基地转变。装备制造业作为"一带一路"各共建国家合作和共享的重点战略性产业，一方面与其他产业的关联度高，另一方面吸收资金能力强，可以提供大量的就业机会，充分体现了国家的综合实力，为整体国民经济增长的发展提供了强有力的动力支撑。在"一带一路"倡议下，中国装备制造业与共建国家加强价值链合作与共享，对于中国而言，有助于促进要素资源的优化配置，降低生产成本，提高国际竞争力，进而促进产业向中高端水平发展，推动中国装备制造业产业结构升级，促进中国经济发展；对于其他共建国家而言，有助于各国获得来自中国的稳定投资，同中国展开装备制造业升级合作，进而实现装备制造业价值链攀升。总的来说，"一带一路"共建国家在装备制造业方面进行价值链合作与共享有助于各共建国家装备制造业价值链攀升，为各共建国家带来经济效益。

1.3 文献综述

1.3.1 关于中国装备制造业现状的研究

有关装备制造业，不少国内学者基于省际层面进行研究。在技术效率方面，装备制造业技术效率的均值有典型区域差异性，依次以珠三角、环渤海、长三角、中西部、东北地区的顺序递减，区域间规模效率差异大是制约装备制造业综合效率提升的瓶颈（童纪新等，2019）。在全要素生产率增长方面，1998—2009 年的中国不同省（自治区、直辖市）之间装备制造业 TFP 增长率的差异较大，但是只有四川省的 TFP 在样本期间内的平均增长率为负，其余皆为正（牛泽东和张倩肖，2012）。分地区汇总后发现，在出口效率方面，各省（自治区、直辖市）存在极大的差异，广东、吉林与辽宁三地出口效率达 80% 以上，京津冀等地的出口效率仅在 40% 左右，一些内陆省份出口效率甚至在 20% 以下，说明大多数装备制造业的出口潜力较大（冯正强等，2018），广东和江苏是东部高端装备制造业发展核心区域（宋皓皓和王英，2021），中国装备制造业有显著的"东扩中进西微升"的演变趋势（李健和闫永蚕，2021）。在此基础上，刘爽（2017）测度了装备制造业各细分产业的出口技术结构，并通过计量经济模型分析进口中间品对装备制造业出口技术结构的影响，结果表明，进口中间品可以通过国外溢出效应间接地影响出口技术结构。在竞争力方面，大部分类型的装备制造业呈现从东向西依次递减的态势，发达地区在科技含量较高的技术依赖型产业方面要比其他区域占优势，而通用设备制造业、交通运输设备制造业等在中西部的优势较为明显（张玉行和王英，2016）。适宜的技术进步方向能推动装备制造业全要素生产率增长（胡亚男和余东华，2021）。

许多学者通过对指标的测度，详细分析了中国装备制造业的发展现状。中国装备制造业产业体系庞大、出口规模大，产业升级快速；

但是面临着对进口设备依赖度高、产业链各环节割裂、国内对成套设备需求不足等问题（任继球，2019）。在技术创新方面，虽然技术创新效率有所提升，但是与发达国家相比仍存在较大差距。资源分配得不合理，导致投入产出比例失衡、技术成果运用率低，整体发展相对不均衡。在其影响因素中，外贸依存度抑制技术创新效率的提升（王江和陶磊，2017）。通过对产业规模、经济效益、技术创新性等进行测度，发现中国7个子产业表现出不同的发展水平，其中通信计算机及其他电子设备制造业具有良好的产业基础，综合竞争力较强，而金属制品业发展滞后，缺少拉动产业增长的动力（张丹宁和陈阳，2014）。另外，装备制造业的全要素生产率在近年来经历了波浪式变化，不同产业的TFP变化程度各异，空间差异明显；技术变化对产业TFP的影响作用最大（李士梅和李强，2019）。采用Bootstrap-DEA模型，定量测算装备制造业子行业的能源利用效率，结果发现整体变动经历了升—降—升的过程，大多行业的能源利用效率还有待提高，应当积极推行绿色制造（何伟怡等，2019）。

在国内价值链与全球价值链并行的背景下，增加值能够更加准确地反映出一国产业的实际发展水平。在全球价值链中，中国装备制造业仍处于低端锁定的状态；在国内价值链中，西部地区位于价值链的上游、东部地区位于中游、西部地区位于下游（赵桐和宋之杰，2018）。测算在全球价值链中分工地位的指标有很多。尹伟华（2016）采用中国制造业出口国内增加值比例和返回增加值比例来衡量，结果表明中国制造业主要从事低端的加工组装环节，但是参与全球价值链的环节越来越多，参与全球价值链分工的程度在不断增强；与之对应的是，国内价值链的构建和发展相对滞后和薄弱。林桂军和何武（2015）采用零部件进出口的相对价格来衡量中国装备制造业在全球价值链中的分工地位；同时运用Kaplinsky升级指数分析中国装备制造业的产业升级状况，结果发现，中国装备制造业的大多数产品都处在升级过程中，尤其是电信和船舶部门的产品，降级产品很少。另外，中国的装备制造业与美国、日本、德国等发达国家相比还有很大差距，虽然在电视机等技术已经较为成熟的产品上具备一定的国际竞争力，但技术含量较高的产品的国际竞争力仍处于劣势（刘会政和朱光，2018）。对比强国装备制造业的竞争力，发现竞争力较强的国家有日本、德国和法国，中国的金属制品业具有较强的竞争力，未来发展空间很大（王江和陶磊，2017）。在出口增加值方面，与金砖国家比较，中国装备制造业的出口增加值率与印度、俄罗斯趋于一致，出口增加值的全球流动趋势与巴西相似，出口主要以数量取胜，但是在数量上大幅扩张的空间有限（刘似臣和张诗琪，2018）。绿色和高效是目前对装备制造业高质量发展贡献最大的因素，创新的贡献仍有待提升（贺子欣和惠宁，2023）。

1.3.2 关于装备制造业产能合作地位测度的研究

20世纪60年代，贝拉·巴拉萨（Bela Balassa）率先提出一类商品的连续生产过程被分割成垂直的贸易链，各国根据本国所具有的比较优势将整个生产过程分解为不同的阶段，并由各国将各部分进行附加值化。他将这种国际分工定义为垂直专业化（vertical specialization，VS）。随后，戴维·哈默斯等（David Hummels et al.，2001）首次提出了测度垂直专业化的量化指标。至此，垂直专业化的内涵变得更加丰富，为后续贸易增加值指标体系的构建以及具体指标的进一步细分奠定了良好的基础。进而，罗伯特·库普曼（Robert Koopman，2012）、王直等（2015）等在此基础上利用增加值系数向量V和里昂惕夫逆矩阵B、L推出完全增加值系数VB，从而将一国总出口分别分解为9个部分和16个部分，并详细阐述各部分的经济意义。

库普曼等构建了全球价值链地位（GVC-Position）指数。库普曼认为，如果一国某部门主要是为其他国家提供中间产品，那么可以认为这一国家的这一部门在国际分工中的地位还是相对有利的；如果一国某部门相反地主要从其他国家进口相关的中间产品，那么可以认为这一国家的这一部门处于国际分工中相对不利的地位。库普曼首先提出衡量 r 国 i 部门在全球价值链中的地位的计算公式为：

$$GVC\_Position_{ir} = \ln\left(1 + \frac{IV_{ir}}{E_{ir}}\right) - \ln\left(1 + \frac{FV_{ir}}{E_{ir}}\right) \qquad (1-1)$$

式中：E_{ir} 表示 r 国 i 部门的总出口；IV_{ir} 表示 r 国 i 部门出口至他国后，被用作中间品以再出口至其他国家的增加值部分；FV_{ir} 表示 r 国 i 部门出口中的国外增加值部分。

等式右侧大于 0，表示 r 国 i 部门的全部出口值中本国国内增加值部分大于国外增加值部分，即该国这一部门在全球价值链中更偏向上游位置；反之，则更偏向下游位置。但库普曼的这一指标只能反映一国的一部门更偏向上游还是下游，并不能有效反映其在全球价值链中的位置。在库普曼的基础上，Antras 提出上游度测算公式：

$$U_i^r = 1 \times \frac{F_i^r}{Y_i^r} + 2 \times \frac{\sum_{j=1}^{N} d_{ij}^g F_j^g}{Y_i^r} + 3 \times \frac{\sum_{j=1}^{N}\sum_{k=1}^{N} d_{ik}^g d_{kj}^g F_j^r}{Y_i^r} + \cdots \qquad (1-2)$$

式中：U_i^r 表示 r 国 i 部门在全球价值链中的上游度；Y_i^r 表示 r 国 i 部门的总出口；F_i^r 表示 r 国 i 部门总出口中的最终产品部分。U_i^r 的值越大，表明 r 国的 i 部门在全球价值链中的位置越偏向上游。

在 Antras 的基础上，王直等学者定义了新的地位指数：

$$GVC\_Position_{ir} = \frac{PLv\_GVC_{ir}}{PLy\_GVC_{ir}} \qquad (1-3)$$

式中：PLv_GVC_{ir} 表示基于前向联系的 r 国 i 部门的上游度；PLy_GVC_{ir} 表示基于后向联系的 r 国 i 部门的下游度。

王直等所提出的地位指数结合了上游度和下游度，相比以往研究更能体现出某国某部门在全球价值链中的地位。

除价值链地位测度外，库普曼、王直等学者还在全球价值链的基础上对显示性比较优势（revealed comparative advantage，RCA）指数进行改进。在全球价值链的分工模式下，中间商品的生产通常涉及多个国家，这就使得传统依赖贸易出口额来计算一国的显示性比较优势指数变得越来越不适用，很难真实地反映一国的情况，越来越多学者认识到要剔除掉中间商品对最终产品技术含量的贡献部分。姚洋（2008）等首先提出利用单国投入产出模型中的完全国内增值系数来剔除掉国外部分，为后续研究奠定了基础。库普曼等提出利用多国投入产出模型，用全球价值链上各国各部门的增加值作为显示性比较优势指数的依据。王直等（2018）进一步完善显示比较优势指标，重新定义了衡量一国部门的新显示性比较优势（RCA_Value Added）指数：基于产业部门前向联系计算的本国总出口中所隐含的该部门增加值占该国出口中总国内增加值的比例，相对于所有国家出口中的该部门所创造的增加值占全球总出口国内增加值的比例的比较值。其公式为：

$$RCA\_ValueAdded_i^r = \frac{\left(vax\_f_i^r + rdv\_f_i^r\right) \Big/ \sum\limits_{i}^{n}\left(vax\_f_i^r + rdv\_f_i^r\right)}{\sum\limits_{r}^{G}\left(vax\_f_i^r + rdv\_f_i^r\right) \Big/ \sum\limits_{r}^{G}\sum\limits_{i}^{n}\left(vax\_f_i^r + rdv\_f_i^r\right)} \quad (1-4)$$

王直等学者提出的新显示性比较优势指数揭示了以往以贸易出口额计算的显示性比较优势指数的误导性，为衡量各国各部门是否具有比较优势提供了有效工具。

虽然中国制造业无论是生产规模还是贸易规模都在稳步增大，但装备制造业所面临的"低端锁定"问题逐渐加重。陈爱贞等（2016）认为中国装备制造业企业在参与国内分工与国际分工网络的过程中，越来越倾向于选择参与国际分工，因此在一定程度上束缚了中国本土企业的高附加值活动，企业多选择贴牌代工的外向型链条模式，而不是依靠本国市场的内向型链条模式。王厚双和刘佳斌（2017）认为中国装备制造业处于全球价值链的低附加值环节，原因之一在于发达经济体的跨国企业垄断了技术研发、售后服务、市场开拓等具有高附加值的环节，且参与全球价值链分工的利益分配日益恶化。俞仲文和查振祥（2003）分析了中国装备制造业的优势和劣势，优势表现为中国自身拥有较为完善的装备制造业体系，劳动力相对低廉，并且国内装备制造业相关的市场潜力大等，劣势表现为地区分布及发展不平衡、缺乏技术开发等。

由此可见,多年来中国装备制造业凭借较为廉价的劳动力和较为丰富的相关资源融入全球价值链,国际竞争力不断增强,国际贸易份额以及贸易地位不断上升,已然成为"世界工厂"。但由于发达国家对价值链的高附加值环节进行封锁,且中国以往所具有的廉价劳动力和丰富资源优势不断丧失,中国陷入了核心技术基本依赖国外进口、被牢牢锁定在价值链低端环节且国际分工获利下降的境地。面对此种情况,中国装备制造业的转型升级刻不容缓,只有迅速向价值链上游攀升才能使中国摆脱现有困局。

对此,丁宋涛等(2013)提出后发工业国在市场机制作用下融入全球价值链时应基于比较优势和生产要素禀赋优势,中国也正是基于此参与国际分工的。后发工业国若想使本国企业向价值链上游发展,就势必离不开通过价值链重构来打造以自身为核心的垂直一体化产业链,而在这一过程中离不开中国政府的政策激励。肖宇等(2019)学者认为中国出口产品中很大一部分包含了其他国家的转移价值,因此,中国的制造业企业想要摆脱在全球价值链中的劣势地位,依靠技术效益来提高全要素生产率是关键。周晋竹(2017)对中国在价值链重构中的前景持积极态度,虽然在此过程中中国的部分生产环节可能被其他国家取代,甚至出现贸易萎缩现象,但危机也是转机,为中国产业向全球价值链上游、高附加值领域攀升提供机会。中国可通过完善全球价值链的配套服务体系并打造相关领域的大型跨国企业来在全球价值链重构中占据更好地位。

1.3.3 关于"一带一路"倡议下国际产能合作的研究

国际产能合作早在国际贸易与投资理论中有所涉及,并非一个全新的概念,只是在"一带一路"倡议下被赋予了全新的内涵。具体来说,它是新时期创新对外投资的新突破和新理念,是经济新常态背景下促进中国经济平稳运行的新举措,能够推进开放型经济向更深层次、更高水平方向发展(宁吉喆,2016)。在"一带一路"倡议下,中国企业采取国际贸易和对外投资等方式，将优质产能输出，助力东道国的工业化建设。中国与"一带一路"共建国家开展产能合作项目的目标是完善合作机制、建立示范基地等（项义军和周宜昕，2018）。由于国际产能合作的概念由中国提出，所以鲜有国外学者对此进行针对性的探究，但是国外学者对投资进行了许多研究。如在宏观层面研究跨国公司在对外投资过程中面临的诸多问题，包括投资的区位选择、投资的驱动力以及对母国经济的效应影响等（Abor et al.，2008）；对比中国与西方国家在海外投资的行为与目的，发现国有企业是中国对外投资的主体，投资方式主要以跨国并购和绿地投资为主，目标是在开发市场的同时，帮助推进东道国的基础设施建设，从而建立起互利共赢的国际关系（Yao Shujie & Wang Pan，2014）。

国内学者对国际产能合作的研究主要从 2015 年开始，大多围绕解析产能合作战略、合作方式以及产能合作的效果等展开。在解析产能合作战略方面，主要是在宏观层面解读"一带一路"倡议下的产能合作思路。在"一带一路"建设过程中，中国在开展国际产能合作时坚持义利并举、合作共赢、开放包容与市场运作等原则，秉承亲诚惠容的外交理念，致力于构建人类命运共同体（孙海泳，2016）。在合作方式方面，国际产能合作是中国制造业管理海外市场的一种新方式，在合作的过程中，要有机结合生产嵌入、市场嵌入和文化嵌入，探寻新型合作模式，不能一味地追求海外市场扩张，争取实现国家层面和企业层面的统一（熊勇清和李鑫，2016）。参与国际产能合作的各方应认识到当前的国际分工是产业内分工占据主导地位，各国需发挥本国优势参与国际产能合作（王维然和蔡玉洁，2022；王兴平等，2023）。在产能合作的效果方面，相关国家的经验表明，产能合作可能会使发达国家向全球价值链高端攀升，获得更多的贸易利益，如日本和韩国；也可能使发展中国家陷入低端锁定困境，如巴基斯坦和孟加拉国。对于"一带一路"倡议下的国际产能合作，中国注重与共建国家进行多维度和多领域的合作，通过这种合作满足共建国家希望借助外力实现发展的需求，促进东道国的经济增长（吴福象和段巍，

2017）。国际产能合作影响发展中国家全球价值链分工地位的渠道包括产业转移、技术外溢、创造规模经济利益、优化生产要素配置等。然而，国际贸易和对外直接投资两种产能合作方式对发展中国家的影响有所差异，具体表现为：对于 GVC 地位较低的发展中国家，来自区域内的 FDI 对该国 GVC 地位的提升效应大于来自区域内的中间品进口；对于 GVC 地位较高的发展中国家，则是来自区域内的中间品进口的提升效应更大（刘敏等，2018）。

中国正处于新旧动能转换和转型升级的重要时期，国内各省（自治区、直辖市）的产业合作能力直接影响中国与"一带一路"共建国家的产能合作效率与产业链效率。目前，中国各地区产业合作发展不均衡，南北方差距拉大，其中东部沿海和长江中上游地区的产能合作能力较强，而西北和黄河中上游地区的产能合作能力较弱（陈伟和王妙妙，2018）。政府出台的多项政策措施，以及金融机构、非政府组织和"产业园区合作+线上线下平台"的助力，使民营中小企业成为"一带一路"产能合作的重要组成部分，但是仍存在许多问题制约民营企业参与"一带一路"倡议的国际产能合作项目（吕臣和陈廉，2019）。制造业方面的产能合作，中国与共建国家的合作规模趋于稳定，合作地区主要集中在中国周边的东亚、西亚和南亚等地区，符合中国国际产能合作以周边国家为"主轴"、以中东和中东欧国家为"两翼"的战略布局；但与共建国家的产能合作依然存在贸易不平衡、国际竞争力较强、投资动力不足等问题（肖进杰和杨文武，2018；秦勤和张夏恒，2023）。

随着"一带一路"建设的深入，中国与共建国家的产能合作持续推进。但由于共建国家众多，各国的比较优势和产业竞争力存在差异，中国应当有选择地与共建国家进行合作，针对不同国家探索出不同的产能合作模式。目前，有关国际产能合作的模式研究是针对现有模式，很少根据不同国家的特点形成目标合作模式。有关中国与共建国家产能合作的区位分布，大多是基于区域异质性进行分析，分别从中国与东盟（吴崇伯，2016）、非洲（王泺，2016）、欧洲（金陈飞等，2018）等区域，以及中国与菲律宾（闫实强等，2017）、土耳其（魏敏，2017）等具体国家的产能合作方面开展相关的研究。关于中国与共建国家产能合作的行业，学者分别从制造业（杨水利等，2018）、钢铁业（闫实强等，2016）、煤炭业（师成，2018）等入手展开研究。对于未来国际产能合作的展望，刘瑞和高峰（2016）认为应当从向中亚、西亚和北非地区转移资本密集型产业，向东南亚和南亚国家转移劳动密集型产业，推进与独联体之间的国际产能合作三个方面进行。

1.3.4 关于国际产能合作的经济效应的研究

（1）国际产能合作对母国经济的影响

国际产能合作对母国经济会产生重要影响，尤其是跨国产业转移。对外直接投资是有效配置国内外市场资源的一种方式，企业可以通过对外直接投资发挥比较优势，在产业内分工不断深化的背景下促进中间产品的出口，从而推动本国经济的发展（Tomiura，2007）。然而，FDI并不是会对所有母国经济都产生积极作用。当母国在国际上具有一定市场势力，可以影响其他国家的经济行为时，母国企业将拥有在全球价值链中的核心位置，从而提高母国的经济水平，对母国整体福利产生正向作用（Helpman et al.，2004）。另外，在投资和经营的过程中，企业需要在东道国设立子公司和提供配套设施，因此，投资地的选择对一国企业对外投资和跨国经营十分重要，合适的投资地将在一定程度上增加母国就业以及提升企业盈利水平。

国际产能合作对化解产能过剩及产业优化升级具有积极作用，对于装备制造业提升全球价值链地位具有重要意义。分析四次国际产业转移大浪潮可以发现，国际产能合作具有互利共赢的一般规律，有助于发展中国家优化升级产业结构和加速工业化进程（刘勇等，2018）。中国向"一带一路"共建国家转移过剩产能有几点好处：

首先，"一带一路"倡议为中国与共建国家的产能合作提供了诸多政策上的优惠，能在一定程度上减少贸易摩擦和规避经济合作风险。

其次，与共建国家开展产能合作可以获取当地的廉价劳动力，缓解国内生产高成本的压力，从而提升中国产品的国际竞争力。

最后，中国企业可以有效利用相应的优惠政策在海外直接建厂（李晓华，2013）。

利用FDI等国际产能合作方式，母国能够充分发挥比较优势，通过产业链的重构推动经济发展（Markusen & Maskus，2002）。在开展国际产能合作的过程中，若将宏观层面的国家战略价值与微观层面的企业绩效结合起来，母国能够更有效地化解产能过剩，优化产业布局（熊勇清和李鑫，2016）。中国在"一带一路"倡议下开展的国际产能合作，对中国产生了重要影响。基于多部门的投入产出进行实证研究，发现在短期内，中国与共建国家在基础设施领域的合作能够显著推动中国经济增长（王继源等，2016）。具体到国内省（自治区、直辖市），以湖南省为例，实证分析表明，湖南省的国际产能合作促进了其经济增长，产能合作发挥正向效应，尤其是增大了制造业的出口规模。另外，湖南省国际产能合作的短期效应明显大于长期效应（刘晓玲和熊曦，2015）。中国与"一带一路"共建国家通过开展多种形式的产能合作，有助于形成"以我为主"的"一带一路"区域价值链，实现中国和"一带一路"共建国家"双轮驱动"式发展（陈丽，2022）。

（2）国际产能合作对东道国经济的影响

作为国际产能合作的一种重要方式，跨国产业转移虽然在短期内可能会挤占东道国本土企业的市场份额，但是在长期内有助于促进东道国的产业结构升级（Das，1987）。虽然发达国家向外转移的并非核心业务，但也能够在一定程度上促进东道国的经济增长（Feenstra，2010）。跨国公司在对外直接投资时会在海外建立研发基地，开展技术开发等业务，带动东道国本土企业学习和创新。对于东道国来说，可以承接母国转移的优势产能，引进先进技术、管理经验和资本等来满足本国市场需求，从而加速本国工业化进程，实现本国经济飞速发展（Kang & Jiang，2012）。

中国在与其他国家开展产能合作的过程中，不是将环境污染严重的产业转移至其他发展中国家，而是以项目合作为载体，产业实现本土化发展；同时，中国的先进技术和经验将对发展中国家产生正向溢出效应（张雨微等，2016）。在宏观层面，中外国际产能合作能够统筹国内外的市场与资源，有利于帮助母国建立完善的工业体系，并提高制造业的资源配置效率。在微观层面，东道国的企业能够更加便捷地吸收母国优质的资源与技术（熊勇清和苏燕妮，2017）。如果母国金融机构可以提供金融支持，跨国企业将有充足的资金开展业务，并有助于提高东道国的经济发展水平（乔晓楠和张晓宁，2017）。此外，付韶军和孙强（2017）通过构建 Tobit 面板模型，实证检验了中国 OFDI 与东道国技术进步之间的关系，结果表明，中国对外直接投资会对东道国技术进步产生重要影响。一方面，中国企业进入东道国市场，会发挥竞争效应，刺激当地企业不断进行技术研发、提高生产率和降低生产成本，从而维持原有的市场份额。另一方面，当地企业模仿学习母国企业先进的技术，促进本国的技术进步。以中印产能合作为例，两国面对经济下行的压力，共同迎接经济全球化的挑战，有利于母国和东道国双方加快产业升级步伐和形成产业发展的新格局（陈利君和杨凯，2016）。

1.3.5 关于国际产能合作机制及路径的研究

国外学者大多从成本和科技水平等方面探讨国际产业合作的路径，而很少针对"一带一路"倡议下国际产能合作的路径进行研究。其中，Nagel 和 Dove（1991）认为，企业在产业合作时离不开技术、管理和劳动力，因而这三者会不同程度地影响国际产业合作。另外，生产成本和交易成本也是国际产业合作的影响因素。所以，从降低成本的层面来看，各国企业可以通过建立合作网络降低企业的交易费用，以减小各国企业的经济压力，提高国际产业合作的成功率（Jarillo，1988），还可以通过提高企业资源配置效率和技术创新水平来提升企业产能利用率，降低成本，推动国际产能合作（徐野等，

2023)。

由于国际产能合作最早由中国提出，因而国内学者对国际产能合作机制及路径的研究比较丰富。借鉴以日本为代表的东亚"雁行模式"经验，国际产能合作可以建立在由中国主导的区域产业分工体系的基础上，遵循国际规则和当地法律，构筑新雁行模式，加强"一带一路"建设和国际产能合作的协调（曲凤杰等，2017）。在"一带一路"建设中，虽然中国产能合作与东道国发展战略对接良好，但是东道国不完善的基础设施状况和较差的营商环境将会制约国际产能合作进一步发展。因此，在未来的产能合作中，中国可以采用BOT、PPP、EPC、对外工程承包和对外援助等合作模式，以共同开发的形式展开合作，加强合作双方的共赢信念（张哲人等，2017）。此外，由于"一带一路"共建国家各国间发展不均衡，经济政策与投资模式存在差异，中国企业"走出去"面临地缘政治、社会、经济等风险，国际产能合作面临严峻挑战。因此，中国与各共建国家应当积极探索金融合作新方式，充分发挥金融经济的支撑作用以及保险产品的保障作用（郭建鸾和闫冬，2017）；同时，鼓励投资方式的多元化，实现中国产业的全球化布局与治理（苏长永等，2023）。

针对国际产能合作机制的研究，学者们主要以"合作共赢"为目标探讨合作机制的建设。目前，中国的国际产能合作还处于探索期，因而不能照搬欧盟等区域合作组织的相关合作机制。在国际政治经济形势不断变化的背景下，中国建立产能合作机制，要充分考虑全球环境以及国际产业转移的趋势，统筹国内外要素及市场资源，充分调动各合作双方的积极性，使产能合作效率最大化（项义军和周宜昕，2018）。在持续推进落实"一带一路"倡议的过程中，中国与共建国家的产能合作取得了一定成效，为进一步增强合作力度，合作各方要建立以政府为主导的互利共赢合作机制和一体化组织机制（夏先良，2015）。另外，中国在参与国际产能合作的过程中应充分发挥自己的国家竞争优势，构建与共建国家的产业交流与合作机制，加大金融支持国际产能合作力度，建立健全风险评估防控机制，深化对境外投资管理体制改革（陈继勇等，2017）。针对不同国家，要结合双方产能合作共生关系的现状，建立不同的合作机制。以中国和哈萨克斯坦的国际产能合作模式为例，双方应当建立中哈一体化组织，采用共生利益协调分配机制和共生环境优化机制维系长期的产能合作关系（张洪和梁松，2015）。

对于国际产能合作路径的研究，学者主要以"一带一路"倡议为背景，围绕创新路径和区位路径等展开。当前，推进国际产能合作的路径主要有国际贸易、对外投资和金融发展等，而创新对这些路径均会产生重要影响。其中，科技创新作为一种动力机制，能够引领产业高质量发展。因此，国际产能合作应当加大科技创新力度，通过创新机制路径来实现"一带一路"产业结构升级（卫玲和梁炜，2017）。金融创新能够为合作提供资金保障，是经济增长的动力来源，未来的国际产能合作可以通过提高金融创新水平来进一步加强（慕怀琴和王俊，2016）。另外，也有学者从区位路径的角度进行分析，提出应按照"三步走"策略推进国际产能合作：首先，向东南亚和南亚国家转移劳动密集型产业；其次，与中亚、西亚以及北非地区加强资本密集型产业产能合作；最后，将国际产能合作延伸至独联体国家，建设更为紧密的绿色发展伙伴关系，探索形成"一带一路"共建国家绿色合作新路径（尹佳音，2022）。

为有效解决中国产能过剩与市场疲软问题，实现"一带一路"倡议的主要目标，基于国内过剩产能转移的角度，国家要做好相关工作，包括世界认同、环境保护、政策支持和服务咨询等。另外，基础设施投资、跨国合作水平、冲突协调机制不健全等是当前国际产能合作中的主要问题，因此要以提升东道国的工业发展能力为切入点，以互利共赢的产业生产联动发展为基础，加快中外产能合作的工业园开发，深化绿色合作，提升国际产能合作水平（玄欣田，2017）。"21世纪海上丝绸之路"将是中国优质产能"走出去"的重要节点，中国与"21世纪海上丝绸之路"共建国家在基础设施、交通运输、资源能源、电子信息等领域的合作前景广阔，通过资本输出带动产能输出、建设中外合作产业园区、构建跨境产业链等路径加速中国与共建国家的产能合作（刘佳骏，2016）。马来西亚、印度尼西亚、泰国、越南与中国产能合作优势明显，菲律宾、南非、印度等国也具备一定的产能合作优势（胡日荣等，2023）。

1.3.6 文献评论

从现有的研究来看，关于装备制造业和国际产能合作的研究较为丰富。国外学者关于国际产能合作的文献，主要体现在产业转移动因及模式等方面，而国内学者对国际产能合作的研究从国际产能合作的内涵到国际产能合作的动因、路径与模式，再到国际产能合作的经济效应，研究日趋细致与深入。关于全球价值链核算与度量的方法的研究已基本成型，为分析一国部门在全球价值链中的地位提供了有效工具。在研究方法上，国内关于国际产能合作的研究主要偏向于理论研究，实证研究较少，且都以"中国对外直接投资存量或流量"指标作为中国对外产能合作的代理变量，并没有形成一个标准、统一的定量指标。对于"一带一路"倡议下的国际产能合作研究比较多元，主要在异质性、机遇与风险、合作模式、合作机制与路径方面，并取得了一系列进展。大致思路是以"一带一路"倡议为背景，以互利共赢为目标，从产业、国别等视角分析中国当前国际产能合作的现状、困难及未来合作的机制和路径，以更好地化解国内产能过剩问题，推动中国优质产能"走出去"，促进"一带一路"建设。现有的研究肯定了产能合作有助于各方优势互补，进而实现资源的高效配置和市场的深度融合，对中国产业升级具有重要意义。对于装备制造业的研究，主要集中于装备制造业发展的优劣势、发展战略、措施，以及技术创新、竞争力、集群式发展、优化机制及路径等方面。此外，很多国内学者是从省际视角分析装备制造业的发展现状，根据面临的问题提出相应的优化路径，以提升其国际竞争力，从而推动装备制造业更好地"走出去"。随着全球价值链分工体系日益深化，诸多学者基于全球价值链发展迅速的国际环境和中国装备制造业发展大而不强的国内背景，分析中国装备制造业发展现状，研究中国装备制造业在全球价值链中的地位和影响因素，从而探究推动中国装备制造业发展的路径。以上研究均为本书探究"一带一路"倡议下中国装备制造业的产能合作机制奠定了基础。

现有研究的不足主要体现在以下几个方面：

首先，如何通过全球价值链或构建区域价值链实现中国装备制造业向上游攀升的研究比较薄弱。

其次，在"一带一路"倡议不断深化的情况下，目前的研究集中于中国某一省（自治区、直辖市）与"一带一路"共建国家的产能合作，很少以中国整体的装备制造业与"一带一路"共建国家的产能合作为研究对象进行实证分析，进而分区域对合作的机遇和模式分别研究，从而根据共建国家的不同特点，有针对性地设计重点合作项目和合作方式。

最后，对于"一带一路"国际产能合作模式的研究不够系统，路径设计针对性不强。

第2章 研究的理论基础

理论基础为现状分析和实证研究提供方法和依据,并指导研究的具体进程。本章通过对相关概念进行界定,对产业转移的相关理论进行阐述,分析世界装备制造业投资规律与发展趋势,总结产能合作促进区域经济发展的机理。

2.1 概念界定

2.1.1 "一带一路"倡议

2013年9月,习近平总书记在哈萨克斯坦发表题为《弘扬人民友谊 共创美好未来》的重要讲话,提出了共建丝绸之路经济带的倡议。2013年10月,习近平总书记在印度尼西亚发表题为《携手建设中国−东盟命运共同体》的重要讲话,提出了共建21世纪海上丝绸之路的倡议。2015年3月的《推动共建丝绸之路经济带和21世纪海上丝绸之路的愿景与行动》发布，"一带一路"逐渐为大家所熟知。作为一项系统工程，"一带一路"建设可以被分解为六廊、六路、多国、多港。其中，"六廊"指的是六大国际经济合作走廊，包括新亚欧大陆桥、中蒙俄、中国—中亚—西亚、中国—中南半岛、中巴和孟中印缅经济走廊；"六路"包括铁路、公路、航运、航空、管道和空间综合信息网络，是基础设施互联互通的主要内容；"多国"是指一批先期合作国家；"多港"是指若干保障海上运输大通道安全畅通的合作港口。

2.1.2 装备制造业

国际组织及其他国家并没有对装备制造业的概念内涵作出明确的表述，它在中国的正式出现是在 1998 年，中央经济工作会议提出"大力发展装备制造业"。2002 年，《中国装备制造业发展研究报告》从三个不同意义层面对装备制造业进行了概念界定：从经济社会发展的意义层面，装备制造业是指为国民经济和国家安全提供技术装备的企业总称，涉及机械类、电子类、武器弹药制造中的生产投资类产品所包含的全部企业；从两大部类分类意义层面，装备制造业是为国民经济各部门提供简单再生产和扩大再生产所使用的工具的生产制造部门；从现代三次产业划分的意义层面来讲，装备制造业属于第二产业，是指资本品及其零部件的制造业。

简言之，装备制造业又称装备机械工业，被称为"工业心脏"，是为国民经济和国防建设提供机器和设备的行业。它在一个国家或地区的制造业中起着基础性、支撑性作用，具有较高的基础性和战略地位。根据国家统计局 2017 年公布的国民经济行业分类，装备制造业分为金属制品业，通用设备制造业，专用设备制造业，铁路、船舶、航空航天和其他运输设备制造业，电气机械和器材制造业，计算机、通信和其他电子设备制造业，以及仪器仪表制造业等 7 个类别（见表 2-1）。设备制造业是一个国家制造业的重要组成部分，也是整个工业的重要组成部分。一个国家装备制造业的发展水平可以反映出该国制造业和整个工业的发展水平，也可以反映出一个国家的综合实力。

表2-1 装备制造业的大分类及中分类

大 类	中 类
金属制品业（C33）	结构性金属制品制造（C331）
	金属工具制造（C332）
	集装箱及金属包装容器制造（C333）
	金属丝绳及其制品制造（C334）
	建筑、安全用金属制品制造（C335）
	金属表面处理及热处理加工（C336）
	搪瓷制品制造（C337）
	金属制日用品制造（C338）
	铸造及其他金属制品制造（C339）
通用设备制造业（C34）	锅炉及原动设备制造（C341）
	金属加工机械制造（C342）
	物料搬运设备制造（C343）
	泵、阀门、压缩机及类似机械制造（C344）
	轴承、齿轮和传动部件制造（C345）
	烘炉、风机、包装等设备制造（C346）
	文化、办公用机械制造（C347）
	通用零部件制造（C348）
	其他通用设备制造业（C349）

续表

大 类	中 类
专用设备制造业（C35）	采矿、冶金、建筑专用设备制造（C351）
	化工、木材、非金属加工专用设备制造（C352）
	食品、饮料、烟草及饲料生产专用设备制造（C353）
	印刷、制药、日化及日用品生产专用设备制造（C354）
	纺织、服装和皮革加工专用设备制造（C355）
	电子和电工机械专用设备制造（C356）
	农、林、牧、渔专用机械制造（C357）
	医疗仪器设备及器械制造（C358）
	环保、邮政、社会公共服务及其他专用设备制造（C359）
铁路、船舶、航空航天和其他运输设备制造业（C37）	铁路运输设备制造（C371）
	城市轨道交通设备制造（C372）
	船舶及相关装置制造（C373）
	航空、航天器及设备制造（C374）
	摩托车制造（C375）
	自行车和残疾人座车制造（C376）
	助动车制造（C377）
	非公路休闲车及零配件制造（C378）
	潜水救捞及其他未列明运输设备制造（C379）
电气机械和器材制造业（C38）	电机制造（C381）
	输配电及控制设备制造（C382）
	电线、电缆、光缆及电工器材制造（C383）
	电池制造（C384）

续表

大　类	中　类
电气机械和器材制造业（C38）	家用电力器具制造（C385）
	非电力家用器具制造（C386）
	照明器具制造（C387）
	其他电气机械及器材制造（C389）
计算机、通信和其他电子设备制造业（C39）	计算机制造（C391）
	通信设备制造（C392）
	广播电视设备制造（C393）
	雷达及配套设备制造（C394）
	非专业视听设备制造（C395）
	智能消费设备制造（C396）
	电子器件制造（C397）
	电子元件及电子专用材料制造（C398）
	其他电子设备制造（C399）
仪器仪表制造业（C40）	通用仪器仪表制造（C401）
	专用仪器仪表制造（C402）
	钟表与计时仪器制造（C403）
	光学仪器制造（C404）
	衡器制造（C405）
	其他仪器仪表制造业（C409）

资料来源：《国民经济行业分类》（GB/T 4754—2017）。

2.1.3　国际产能合作

2014 年，李克强总理提出"国际产能合作"这一概念。2015 年，在《关于推进国际产能和装备制造合作的指导意见》中，中国政府首次在官方文件中阐述了推进国际产能合作的必要性。在"一带一路"倡议持续推进的背景下，推动开展国际产能合作，是中国与共建国家深化合作的重要途径，也是中国实现高水平对外开放的重大举措。

虽然国际产能合作早在国际贸易和投资理论中就有所提及，但一直没有形成明确的定义和成形的理论。在中国推进建设"一带一路"的背景下，国际产能合作被赋予了新的含义：作为一种新型的国际产业转移方式，国际产能合作是在国际产业转移理论的支撑下重新配置全球生产要素的过程。强调一国为实现降低建设成本、扩大就业规模和推进经济建设等目标，从别国引进建设所需的装备、技术及管理经验等，与别国进行国际的产能、技术及资本等合作。

国际产能合作体现了中国的大国责任以及构建人类命运共同体的历史使命，具有输出性、合作性和复杂性等特征。

第一，产业和产能的输出是国际产能合作最基本的形式，中国推动产业能力与产业链的整体输出，不仅能够使国内产能和产品进入国际市场，化解国内产能过剩，还能更加深入地参与全球价值链分工。

第二，国际产能合作更加注重发挥各国的比较优势，通过在产能、技术、资本等方面深入开展合作，增强合作国的制造能力，推动产业多元化发展，共同构建完善工业体系。

第三，国际产能合作不单单是学术概念，还涉及较为复杂的形式。进行国际产能合作的国家可以根据发展特点选择恰当的方式，开展合作和交流，探索开拓国际市场，在合作方式方面包含国际贸易、对外投资、产能转移、金融合作、跨国并购、对外承包工程、跨国资源开发、劳务合作及技术转让等。

2.1.4 产业输出与能力输出

目前，中国开展的国际产能合作注重产业输出与能力输出，改变了以往通过对外贸易输出产品的单一形式。产业输出主要涉及钢铁、建材、铁路、汽车、通信、工程机械、有色、电力、化工、轻纺、航空航天、船舶和海洋工程等重点行业整体的输出。能力输出主要指输出重点行业的生产制造能力。产业输出与能力输出的地点选择遵循一致的原则，主要选择合作意愿较强、合作基础较好以及与中国产业契合度较高的国家。

产业输出和能力输出层层递进，依托能力输出实现整体产业输出是目前国际产能合作的方向。中国推进的国际产能和装备制造合作，并不是单纯将装备制造产品销售至其他国家，而是致力于能力输出与产业输出。与其他"一带一路"共建国家相比，中国钢铁、铁路、机械、电子、有色金属、建材、电力、轻工纺织等制造行业制造能力较强，技术水平处于国际先进水平，具备比较优势，有能力"走出去"。而大多数共建国家处于工业化的关键时期，工业化进程缓慢，亟须增强工业化建设能力。因此，中国与其他"一带一路"共建国家开展装备制造业的国际产能合作，不仅要输出装备产品，更要依托现有的技术与能力，以产能的输出带动产业的输出，帮助它们建立和完善工业体系。

2.1.5　产能转移与产业转移

产能转移和产业转移是国际产能合作中涉及的两个重要概念。有关产能转移概念的界定比较单一，主要是指企业将产品生产的部分或全部由原生产地转移到其他地区，是完整地将线上与线下的生产能力进行转移，即把工厂连同人力、技术、设备完整地转移到另一个地方。由于严重的产能过剩造成了资源的浪费和配置效率降低，也阻碍了产业结构升级，所以有计划、有组织地进行产能转移有助于中国经济的可持续发展。

产业转移包含时间和空间两个层面。在时间层面，产业转移是在生产要素和产品市场发生变化之后发生的；在空间层面，产业转移会促进移出地和移入地产业结构的调整和升级，从而形成新的分工格局。综合来说，产业转移是产业在空间上的移动，由一国或地区转移至另一国或地区，是在宏观区域经济调整政策指导下的行业生产转移和聚集措施。从区域转移视角看，产业转移是时间和空间维度的动态演进过程；从劳动分工的视角看，产业转移是产业结构调整和升级的途径；从产品生命周期的视角看，产业转移是产业处于不断地创新、成长、成熟和衰退的周期中。所以，推动"一带一路"倡议下装备制造业的产能合作，是将装备制造的生产能力或整体产业，有组织地动态转移至其他共建国家，从而促进产业的转型升级。

综合以上对国际产能合作、产业输出、能力输出、产能转移和产业转移的概念的界定，本书所涉及的概念及其含义见表2-2。

表2-2 　　　　　　　　　　　　**本书涉及的概念及其含义**

概念	含义
国际产能合作	国际根据资源优势互补和市场互换，进行产业转移和技术输出等合作，超越国际贸易、对外投资与产业转移的新型经济合作模式
产业输出	依托现有的能力，将具有比较优势的产品、设备、劳动力、技术、资金向外整体输出
能力输出	在输出产品的基础上，带动生产能力的输出
产能转移	完整地将线上与线下的生产能力进行转移，即把工厂连同人力、技术、设备完整地转移出去
产业转移	将某一产业从一国家或地区转移到另一国家或地区，形成新的分工格局

2.2 产能合作理论

2.2.1 雁行模式理论

20世纪30年代，为了更加全面地描述汽车、钢材和纤维等产业的发展路径模式，日本经济学家赤松要提出了产业的雁行形态发展理论。在这种理论框架下，工业化初期的发展中国家会历经进口—国内生产—出口三个阶段。一开始，由于经济水平低，技术落后，发展中国家为满足工业化建设的基本需求，会开放市场进口部分工业产品。随后，当国内具备市场条件和生产技术条件时，即国内对这种工业产品的需求达到一定数量且掌握关键生产技术，便进入了国内生产的阶段。随着生产效率的提高和生产技能的完善，发展中国家可凭借劳动力和资源丰富形成的价格优势，向国外出口工业产品，进而促进本国的产业结构升级和经济发展。在这一发展过程中，产品附加值逐渐增加，该类产业实现了从一般消费品向资本品的转变。随着日本经济的发展，雁行模式不仅被小泽辉智（Ozawa，1993）通过经验研究证明其适用性与普遍性，还被延伸来解释以东亚为中心的亚洲国家产业结构和国际分工的动态关系。其中，康明思（Cumings，1984）研究发现，20世纪60至80年代东亚区域范围内的产业分工与转移是符合雁行模式的。

从全球范围来看，雁行模式这种动态演化通过在国与国之间的传导，实现了后进工业化国家对先进工业化国家的效仿，从而达到了学习发展经验、吸收技术与资本、提升产业结构水平的目的。雁行模式在后进工业化国家的赶超战略中发挥着至关重要的作用，如"亚洲四小龙"的崛起。借鉴雁行模式理论的发展经验，中国在推进与"一带一路"共建国家装备制造业的国际产能合作的过程中，可以雁行模式理论为基础，构筑新型雁行模式。新型雁行模式主要是以中国为雁首，以覆盖东南亚、中亚、南亚、北非、中东欧区域的发展水平较高的发展中国家为雁身，以发展水平较低的发展中国家为雁尾的跨区域产业合作模式，这为中国实现产业结构升级和迈向中高端提供了一种新方式。

2.2.2　边际产业扩张理论

边际产业扩张理论是对雁行模式理论的拓展，是日本经济学家小岛清于20世纪70年代提出的。以新古典经济学理论和比较优势理论为基础的边际产业扩张理论，同时结合了雁行模式理论与产品生命周期理论的相关内容。小岛清认为，一国或地区的对外直接投资应该从其已经或即将处于比较劣势的产业开始，接受投资的国家可以显示出潜在的比较优势，涵盖资源、资本、劳动力和管理经验等方面。因此，边际产业扩张理论解释了发达国家向发展中国家投资的动机，描绘了以对外直接投资为表现形式的产业转移的轨迹，不仅研究了宏观层面的国际转移，还突出了微观层面的生产工序问题。另外，边际产业扩张理论是结合国际贸易理论和对外直接投资理论的一种新的理论，能够有效指导协调东道国经济发展目标和跨国公司的生产经营活动。

在边际产业扩张理论的框架下，对外直接投资应当具有以下特征：

第一，对外直接投资发生在投资国已经或即将处于比较劣势的行业，但这些产业在东道国是具有比较优势或潜在比较优势的行业，这样有助于把国内有限的资源转移至层次较高的产业。

第二，中小企业应成为对外投资的主体，因为同大企业相比，中小企业处于比较劣势。

第三，由于比较成本不断变化，从转移难度低和技术差异小的产业开始转移，将有利于更好地发挥母国和东道国的比较优势。所以，在国际分工中处于更低阶梯的国家或地区应逐渐成为对外直接投资的主要地区。

第四，产业转移是比较有效的技术转移路径，但是这些技术一般不会直接包含在固定设备中，绝大多数要通过劳动和实地操作来体现。因此，对外直接投资应采用与东道国合资或非股权安排的方式。

第五，对外直接投资应该是顺贸易倾向型。在投资过程中，投资国以低成本进口东道国的比较优势产品，同时向东道国出口自己的比较优势产品，进而促进双方国际贸易的发展。就中国推进国际产能合作进程而言，劳动密集型产业"走出去"的速度较快，而技术和资本密集型的产业速度相对缓慢，由于装备制造业等重工业对当地的劳动力及技术水平要求较高，转移在轻工业之后。因此，在与共建国家开展装备制造业的产能合作时要充分考虑产业输入国的资金、技术、人力等多方面的因素，根据不同国家的特点进行对外投资，构建不同的产能合作路径。

2.2.3 工业区位理论

工业区位理论于 1909 年首次出现在德国经济学家阿尔弗雷德·韦伯的《工业区位论》一书中。在此书中，针对经济活动的生产、销售和消费三大环节，韦伯以工业生产活动区位为主要研究内容，构建了工业区位理论分析框架，具体包括劳动力指向、运输指向、集聚指向三大理论。这三大理论均为工业区位理论提供指导，劳动力指向理论为工业区位的劳动力要素提供指导；运输指向理论为企业区位选择过程中的运输成本、运输布局、运输网络、运输决策等提供分析工具；集聚指向理论为极化效应、扩散效应分析提供了理论依据。

总体而言，工业区位理论的核心观点在于经济活动的分布会受地理位置的影响。交易成本影响工业企业的生产经营，而运输费用作为交易成本的组成部分，成为工业企业选择区位时需要考虑的因素。工业企业的运输费用是由运进原料和运出产品的重量及与之相应的运输距离形成的，寻求到最小的运费区位，也就是工业企业的合理区位。另外，如果区位选择不恰当，距离发达地区和国际市场较远，意味着远离技术、信息和服务业中心，不光产品输出到国外的运输费用提高，而且与之相关的交易成本也提高，不利于工业企业的经营运作。所以，工业区位理论对开展国际产能合作有一定的指导作用，产能合作的进程不仅受产业的特点、产业输出国的特点和产业承接国的特点影响，而且与区位选择密切相关。中国在与"一带一路"共建国家开展产能合作的过程中要充分考虑区位和交通因素，以最大程度地降低运输成本和交易费用，进而提高国际产能合作的效率。

2.2.4 梯度转移理论

梯度转移理论来源于产品生命周期理论和区域生命周期理论，

是建立在地区二元结构基础上的一种理论。威尔斯和赫希哲等区域经济学者在区域经济学中引入生命循环论，形成并验证了区域经济梯度转移论。在经济发展过程中，主导产业部分在工业生命循环中所处的阶段影响区域经济部门发展，区域经济部门发展影响产业结构发展，产业结构发展影响区域经济发展。根据区域经济发展水平，梯度地区可以具体分为高梯度地区和低梯度地区。高梯度地区是指创新性的新兴产业部门在区域经济发展中占主导地位；低梯度地区的主导部门则是由一些处于成熟阶段后期或衰老阶段的部门组成。在经济发展达到一定阶段以及市场机制发挥作用的前提下，由于存在产品需求和资源供给的差异，产业由高梯度地区逐渐向低梯度地区转移。产业区域梯度转移的快慢与各个方向传播程度的强弱取决于产业转出区的推力、产业目标区的拉力与接纳能力、转移通道是否通畅等因素。

根据梯度转移理论，区域间存在的梯度差异是产业转移的基础，产业转移能够使各地区的产业结构与本地的要素禀赋更加契合，更加适应经济发展需要。另外，区域间的产业转移能够将一个地区内失去比较优势的产业发展为具有比较优势的产业，两个地区实现优势互补的目标。同时，产业转移还能使双方提高资金的利用率，获得比较利益，进而为本地区其他具有优势的产业提供资金和空间，进一步促进产业结构的优化升级。因此，在"一带一路"倡议下，中国装备制造业开展产能合作，即装备制造业由高梯度向低梯度转移的过程。低梯度的共建国家在承接中国产业转移时，要根据自身的要素禀赋和潜在比较优势，积极探索产业发展新路径，进而借助转移的产业加速区域经济的发展。

2.3 世界装备制造业投资规律与发展趋势

2.3.1 世界装备制造业的海外投资规律

（1）美、日、德三国装备制造业逐渐回流

全球金融危机后，以美、日、德为代表的装备制造业强国为应对国内经济衰退，实施再工业化战略重振制造业，由此出现制造业回流现象。各行业回流的速度有所差异，利润较高和关联效应较强的交通以及电子设备行业一般回流速度较快，而低端的劳动密集型装备制造业由于国内劳动成本较高，回流速度缓慢。

虽然美国在国际装备制造业中一直占据比较大的比重，但经过20世纪的外流演化升级，其所占比重呈现下降趋势。随着再工业化战略的实施，金属制品业和电子制造业等行业逐渐由外包转向本土生产，交通运输设备和机械设备等行业拉动美国国内需求近2万亿美元。

为重振本土装备制造业发展，日本出台了很多政策和措施，但由于前期外流过多，回流速度较慢。

德国实体经济基础雄厚，制造业占GDP的比重在23%左右。而装备制造业是制造业的实体，其全球占有率一直较高。然而次贷危机后，部分在外投资的德国企业关闭其海外工厂，将部分环节迁回国内，这为本土提供了大量的就业机会。

美、日、德三国在2004—2021年制造业增加值的变化趋势有所不同（如图2-1所示），美国有缓慢下降的趋势，日本2011—2021年有缓慢上升的趋势，德国从2016年开始逐渐下降。装备制造业是制造业的一个重要分支，制造业在对外投资（见表2-3）和增加值方面的变化，也在一定程度上反映出三国装备制造业向外扩张势头的减弱，均表现出向国内回流的迹象。

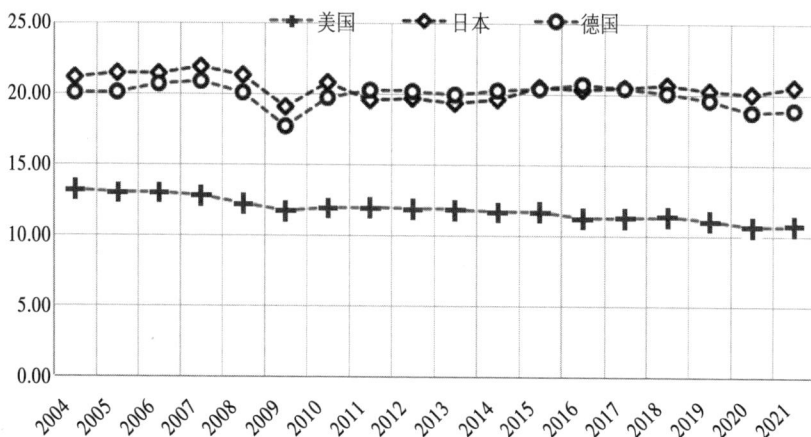

图2-1 美、日、德2004—2021年制造业增加值占GDP比重（%）

资料来源：世界银行。

表2-3 美、日、德2015—2020年制造业对外投资总额占比（%）

项目	2015年	2016年	2017年	2018年	2019年	2020年
美国	13.12	12.46	13.23	12.75	13.48	14.20
日本	43.59	42.12	41.24	39.85	40.95	38.55
德国	14.26	15.19	15.30	15.33	15.60	14.82

资料来源：OECD。

（2）新兴国家借优惠政策和产业转移吸引投资

涉及进出口和投资的政策红利是驱动装备制造业进行转移的重要因素。目前，柬埔寨、缅甸等一部分欠发达国家为外来投资者提供相对优惠的税收和租赁政策，吸引并承接了其他国家的产业转移，促进了国内装备制造业的发展。同时，东盟经济体区域一体化进程的推进有利于推动这些国家装备制造产业的进步。近几年，跨国装备制造业向其他发展中国家及低收入国家的投资明显增多。《2021年世界投资报告》显示，流入发展中经济体的外国直接投资增速比流入发达地区的外国直接投资增速要慢，但仍增加了30%，达到8 370亿美元。外国直接投资的增加主要得益于亚洲的强劲增长、拉丁美洲和加勒比地区的部分复苏以及非洲的回升。发展中国家在全球资金流动中所占份额仍然略高于50%。流入非洲的外国直接投资从2020年的390亿美元增至830亿美元。大部分接受国的外国直接投资都适度增加。在亚洲发展中地区，尽管疫情一波接一波，但外国直接投资连续3年上升，增至历史新高，达到6 190亿美元。拉丁美洲和加勒比地区的外国直接投资增加了56%，达到1 340亿美元。大多数经济体的资金流入出现反弹，只有少数经济体的资金流入进一步下降。流入结构薄弱、易受冲击的小型经济体的外国直接投资增加了15%，达到390亿美元。2021年，流入最不发达国家、内陆发展中国家和小岛屿发展中国家的资金总量仅占全球总量的2.5%，低于2020年的3.5%。

（3）装备制造业海外并购蓬勃发展

海外并购日益成为装备制造业海外拓展的主要方式，并购发起方已经不单单是大型国有企业，更多的先进民营装备制造业企业也参与其中。以中国为例，就并购本身而言，大部分中国装备制造业企业的并购仍然以技术目的为主，这符合当前全球装备制造业调整的趋势和中国企业自主创新能力发展的阶段。2021年，中企并购交易数量整体上涨，完成交易规模小幅下降；超10亿美元规模的完成大额案例33笔。2021年共计完成125笔跨境交易，同比增长12.61%，受全球疫情反复的影响，跨境并购的活跃程度较疫情前有一定程度的降低。2021年，制造业交易规模居全球首位，并购案例主要集中在制造业、IT及信息化、医疗健康及金融部门（如图2-2所示）。

（4）中国境外投资规模逐渐扩大

中国作为世界上重要的经济体之一，装备制造业的投资呈现出规模不断扩大的趋势，"一带一路"共建国家成为对外投资和产能合作的主要市场。《2021年度中国对外直接投资统计公报》显示，2021年，中国对外直接投资流量为1 788.2亿美元，比上年增长16.3%，连续10年位列全球前三。中国对外直接投资涵盖国民经济的18个行业大类，其中，八成投资流向租赁和商务服务、批发零售、制造、金融、交通运输领域，流量均超过百亿美元。截至2021年年底，中国

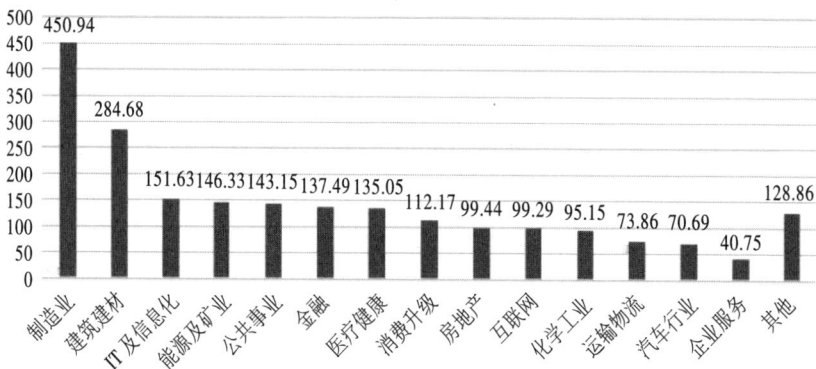

图2-2 2021年中企完成并购交易按规模分布（单位：亿美元）

资料来源：《2021年中国企业并购市场数据报告》。

在"一带一路"共建国家设立企业超过 1.1 万家，约占中国境外企业总量的 1/4。2021 年，对"一带一路"共建国家直接投资 241.5 亿美元，创历史新高，占中国全年对外投资流量总额的 13.5%。中国制造业对外直接投资在 2014—2016 年快速增长；2017 年达到 295 亿美元的最高水平；受中美贸易摩擦影响，2018 年下降至 191 亿美元；随后稳步回升，2021 年为 268.67 亿美元（如图2-3所示）。从投资地区来看，制造业投资分布比较集中的区域是欧洲和北美洲。

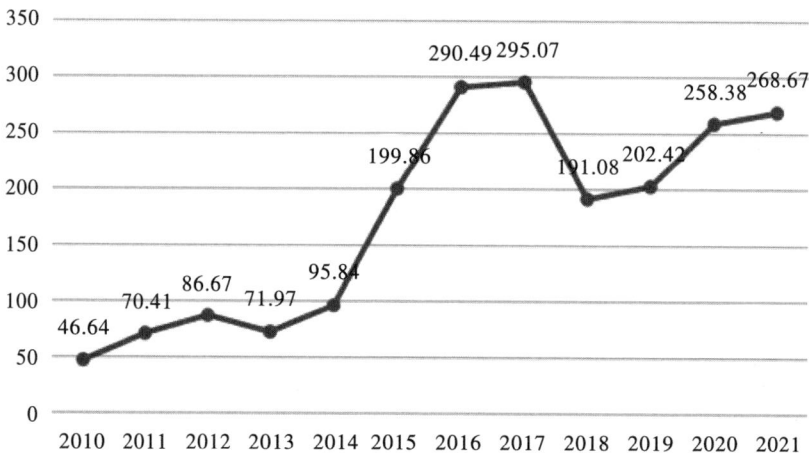

图2-3 2010—2021年中国制造业对外直接投资情况（单位：亿美元）

资料来源：国家统计局。

2.3.2 世界装备制造业的发展特征

（1）发达国家装备制造业向国外转移

首先，随着人民生活水平的不断提高，对商品的需求出现不同的消费心理、消费欲望和消费层次，对异质商品的需求不断增大，产业内贸易得到进一步发展。产业内贸易的发展为发达国家将装备制造业转移至其他国家提供了理论依据，为满足不同国家之间以及有差异的国内市场需求，选择在不同国家生产不同的产品。

其次，发达国家的龙头企业生产规模不断扩大，规模报酬递增所带来的红利逐渐消失，发达国家的龙头企业要在其生产规模扩大到规模经济的边界前将生产逐渐转移到生产成本较低的国家。

最后，根据产品生命周期理论，当产品处在前两个阶段即导入（进入）期和成长期时，产品主要生产国是发达国家，发达国家赚取高额利润；随后在饱和期及衰退期时，将产品过渡到发展中国家或较为落后的国家生产，生产国家只能赚取较低的利润。

（2）区域分布多样化和区位集中化

发达国家的区域分布存在多样化和区位集中化的特点。虽然发达国家的装备制造业较为发达，但装备制造业的分布也并非全部集中在发达国家或地区内。在众多因素的驱动下，世界装备制造业的区位分布发生了相应的转移和调整，其中，产业扩张、成本配置和市场供求三个因素共同影响着世界装备制造业的区位分布。另外，装备制造业在地区分布上也呈现出地域集中的特征。区位集中化是指装备制造业在区域内呈点集状态分布，即装备制造业企业在某一区域分布相对集中，但不具有连续性。区域集中模式大致可分为原料集中、市场集中、劳动力集中、资金集中、技术集中等，具体来看，目前主要表现出对市场的依赖度逐渐增强，对自然资源的依赖度逐渐降低，同时对劳动力需求日益多样化，区位分布也在一定程度上从集中到分散。

（3）产业升级以纵向整合为主

根据装备制造业产业整合中企业在产业链中所处的位置及其与产业的关联程度，可将其划分为横向整合、纵向整合和混合整合三种类型。所整合企业属于同行业为横向整合，所整合企业属于上下游行业为纵向整合，所整合企业分属两个不相关的产业为混合整合。

装备制造业的横向整合有利于提高产业集中度，促进产业结构的优化升级。企业的资产规模通过横向整合得以扩大，加速了企业规模经济效益的实现，促使企业有资金投入技术研发，从而促进了产业创新效率的提高。

装备制造行业纵向整合是指装备制造行业处于产业链的上游企业和下游企业之间的整合，按装备制造业在产业链中的位置可以将其分为前纵向整合和后纵向整合。纵向整合可以帮助上下游企业协同合作，节约交易成本，保证投入品的稳定供应，最大限度地提高企业利润。纵向整合的目标是通过对产业链的关键环节的控制，确定产业价值链上各环节的重要性，从而保证企业自身在竞争中的优势。与横向整合相比，纵向整合具有较大的难度和成本，但实现这种整合往往能带来较大的增值，更适合装备制造业。

混合整合指的是装备制造业企业为实现企业经营多元化，提出与其他行业企业并购整合的过程，目的在于分散投资的风险。

2.3.3　世界装备制造业的发展趋势

（1）生产方式智能化

伴随着制造业与新一代信息技术的融合发展，智能制造引领新一轮工业革命的发展方向。发达国家制造业发展的战略都将智能制造业作为变革的重要方向，倡导生产方式的智能化，如美国先进制造伙伴计划、德国工业4.0以及新工业法国计划等。智能制造包括智能装备、智能生产、智能管理和智能服务4个环节，其中智能装备最为关键，决定智能制造的整体水平。当前，智能装备制造业呈现模块化、开源化和个性化的特征，引领制造业进一步实现低碳、节能和高效的目标，同时将助力工业机器人、高端数控机床和新型传感器等重点领域实现重大突破。生产方式的智能化具体表现在 IT 技术与制造业的融合进步和集成创新等方面。21 世纪以来，物联网、云计算和大数据等新一代信息技术产业蓬勃发展，这些技术深度嵌入到产品的生产过程中，带来生产过程的智能化。

（2）组织方式全球化

智能水平的提高使企业的生产制造方式发生了改变。对于企业内部而言，互联网的广泛使用将互联网思维融入装备制造业企业。在这种思维的作用下，企业更加注重产业的传统化分工和精细化合作，从而推动生产组织的灵活性和创造性。对于装备制造业企业外部而言，网络技术的提高加速了装备制造业的全球化进程。电子商务、电子数据交换、电子资金转账等技术的应用，从根本上改变了装备制造业的生产、消费和流通方式。随着制造业网络化的迅速发展，互联网技术贯穿产品订单、研发、设计、加工和售后服务等全生命周期，改变了装备制造业的产业结构和组织方式，分包、众包等合作方式日渐普遍，技术研发、生产及销售的多地区协作日益加强，逐步形成了相互依存与协作的利益共同体。

（3）发展模式服务化

目前，服务业在全球经济发展中占据越来越重要的地位，消费需求占比逐渐加大。服务业占世界经济的 70% 左右，服务贸易占世界贸易总额的 20% 以上，服务领域的跨国投资占全球跨国投资的 2/3。随着经济发展水平的提高，传统的产品制造企业向提供具有丰富内涵的产品和服务延伸，制造业服务化趋势越来越明显，制造业生产的增加值中含有服务的增加值也越来越多。装备制造业的服务化表现为投入服务化和产出服务化。在投入服务化方面，随着生产的社会化、专业化分工和协作，企业内外的联系逐渐加强，导致服务型生产要素需求量的迅速上升，服务要素成为装备制造业企业重要的生产要素。在产出服务化方面，越来越多的装备制造业企业基于对"顾客满意"的认识，更加关注产品的服务质量，逐渐向服务型企业转变。

（4）产业布局分工化

全球金融危机后，世界各国开始重新重视制造业的发展，国际制造业布局呈现两极化发展态势。发达国家纷纷出台重振制造业的战略与计划，尤其是大力推动高端制造业发展。主要原因在于高端制造业多为技术和资本密集产业，智能化生产水平较高，对劳动依赖程度比较小，更加容易回流到发达经济体。但是，发达经济体制造业回流为新兴国家带来了挑战，倒逼新兴经济体转变传统发展模式。为提高加工贸易的出口增加值，新兴经济体由生产型加工贸易向服务型加工贸易转变，努力向全球价值链高端跃升。而发展中国家以更低的成本优势积极争夺中低端制造业市场，新兴发展中国家日益上升的劳动力成本使发达国家加快了向东南亚和非洲等地区投资和转移的步伐，这在一定程度上改变了以往形成的产业集聚的发展格局。

第二篇　现状分析部分

第3章　中国装备制造业发展现状

　　装备制造业是一国的战略性产业，其发展水平决定一国的产业基础甚至国家兴衰。因此对中国装备制造业发展现状的研究，对于探寻装备制造业转型升级、开展后续产能合作，有着重要现实意义。本章研究装备制造业现行发展特点、区域发展状况以及产能利用率情况，发现近年来，中国装备制造业总体发展呈现稳步增长的态势，尤其是高端装备制造业发展迅速，不存在显著的产能过剩问题。

3.1　中国装备制造业的特点分析

3.1.1　装备制造业总体发展稳步增长

　　装备制造业作为工业的重要组成部分，承担着带动相关产业发展的重任，是支撑国家综合国力的重要基石。国家不断鼓励装备制造业发展，目前中国装备制造业规模逐步扩大。如表3-1所示，

2016—2021年，中国装备制造业增加值的增长率从2016年的9.5%增长到2017年的11.3%，在接下来的3年出现下降趋势，2020年达到这6年的最低值6.6%，随后于2021年实现了翻倍增长，达到此6年的顶峰值12.9%。即使新冠肺炎疫情暴发后，产业普遍遭到重创，中国装备制造业增加值仍能保持稳步增长。同时，2016—2021年，中国装备制造业占规模以上工业增加值的比重呈现波动增长，2020年达到这6年占比的高峰——33.7%，2021年达到这6年占比的低值——32.4%。

表3-1　　　　　　　2016—2021年中国装备制造业情况

年份	装备制造业增加值增长率	占规模以上工业增加值的比重
2016	9.50%	32.90%
2017	11.30%	32.70%
2018	8.10%	32.90%
2019	6.70%	32.50%
2020	6.60%	33.70%
2021	12.90%	32.40%

资料来源：国家统计局。

但是由于中国装备制造业起步较晚，以及其他世界强国早已拥有高技术优势，中国装备制造业一直处于亟须产业结构升级的状态。近年来新兴技术的飞速发展为中国制造业的转型升级提供了关键的技术支撑。伴随着信息化的进一步发展，中国装备制造业的产业结构不断完善，正在由低附加值向高附加值转型。

3.1.2　部分高端装备制造业发展迅速

高端装备制造业是指装备制造业的高端领域，"高端"主要表现在三个方面：

第一，技术含量高，表现为知识、技术密集，体现了对多学科和多领域高精尖技术的继承；

第二，处于价值链高端，具有高附加值的特征；

第三，在产业链占据核心部位，其发展水平决定产业链的整体竞争力。

《国务院关于加快培育和发展战略性新兴产业的决定》将高端装备制造纳入战略性新兴产业，包括智能制造装备产业、航空装备产业、卫星及应用产业、轨道交通装备产业、海洋工程装备产业等。

2020年，中国高端装备制造业市场规模达13.7万亿元，可见中国整体高端装备制造业已初具规模。此外，随着中国制造强国战略的实施，加之中国科技水平的提高，轨道交通装备、电力装备、工程装备、船舶装备等部分高端装备制造业发展迅速，在全球占据重要市场地位，国际竞争优势也显著增强。从轨道交通装备行业看，2020年，中国轨道交通装备市场规模达到7 766亿元，同比增长8%。根据德国SCIVerkehr公布的轨道交通装备业全球市场份额情况，2020年，中国中车市场份额在全球轨道交通装备行业的占比达到53%，占据行业领先地位。从电力装备制造业看，2020年，中国发电设备容量已达22亿千瓦，电力装备制造业规模已连续9年稳居世界首位，如百万千瓦空冷发电机组技术、二次再热技术、大型循环流化床发电技术等众多电力装备技术也处于世界先进水平。从工程装备业看，英国KHL集团公布的排行榜显示，2020年，中国市场份额为24.9%，居于全球市场第一位。船舶装备业方面，从中国船舶工业行业协会的数据可知，2020年，中国造船三大指标的国际市场份额保持世界领先，承接各类海工装备25艘/座、20.4亿美元，占全球市场份额的35.5%。与此同时，中国造船业在智能船舶、深远海装备、极地技术及装备等领域取得重大突破。

3.1.3 装备制造业中间品分析

以2015—2022年汽车零部件制造行业进口为例。如图3-1所示，近6年中国汽车零部件制造行业进口金额总体呈现上升的态势，在

2022年达到顶峰810.89亿美元，可见中国装备制造业对外国中间品的依赖度逐渐下降，呈现出稳中向好的态势。

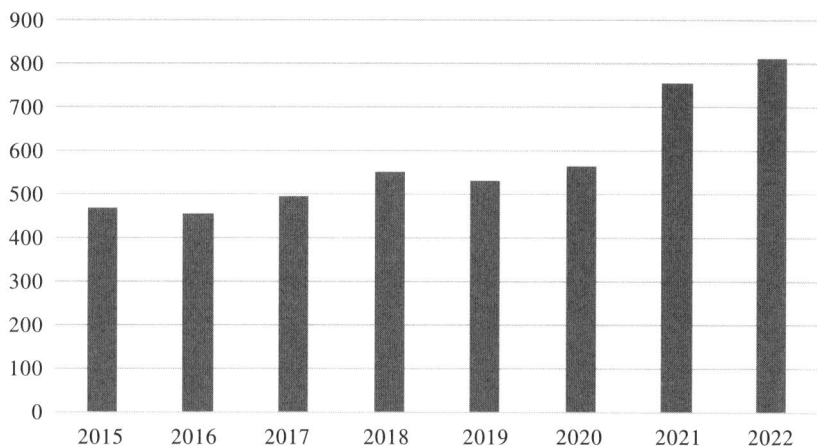

图3-1　2015—2022年中国汽车零部件进口金额（单位：亿美元）
资料来源：中国海关总署。

3.1.4　装备制造业与其他产业的发展相辅相成

在产业关联层面，产业关联度高是中国装备制造业的显著特点。装备制造业在产业内和产业间的关联性都很强，并且其与第一、二、三产业都有所关联。装备制造业与第一产业的关联，主要是对第一产业生产资料与生活资料的需求；与第二产业的关联最为显著，主要是由于制造业的上、下游产业涉及众多第二产业部门，如装备制造业对重工业产品消耗巨大，智能装备制造业上游涉及钢材、铝材等行业，下游涉及食品医药、物流仓储等行业；与第三产业的关联，主要体现在与高技术服务业融合度高，装备制造业的发展也使其与生产性服务业的融合发展不断深化。

在2012年、2015年、2017年，除金属制品业、电气机械和器材制造业外，装备制造业其余5个部门的影响力系数均大于1，有力带动了我国生产性服务业的发展。专用设备制造业2017年的影响力系数为1.096，高于2012年及2015年的影响力系数，其影响力系数总体呈现上升趋势，对生产性服务业的影响越来越大。金属制品业、通用设备制造业和交通运输设备制造业2015年的影响力系数明显高于2012年及2017年，其影响力系数呈现倒U形的波动变化。电气机械和器材制造业，计算机、通信和其他电子设备制造业，仪器仪表制造业部门则相反，其影响力系数呈现U形的波动变化。在2012年、2015年、2017年，除专用设备制造业，装备制造业其余6部门感应度系数均大于1。通用设备制造业、专用设备制造业感应度系数呈现逐年增长趋势。金属制品业、电气机械和器材制造业、仪器仪表制造业感应度系数呈现U形的波动变化；交通运输设备制造业，计算机、通信和其他电子设备制造业感应度系数呈倒U形的波动变化（见表3-2）。

表3-2　　　　　　装备制造业影响力系数和感应度系数

部　门	影响力系数			感应度系数		
	2012	2015	2017	2012	2015	2017
金属制品业	0.778	0.807	0.760	1.085	1.063	1.063
通用设备制造业	1.035	1.071	1.070	1.062	1.095	1.107
专用设备制造业	1.042	1.072	1.096	0.780	0.794	0.850
交通运输设备制造业	1.121	1.133	1.117	1.047	1.090	1.070
电气机械和器材制造业	0.929	0.924	0.956	1.051	1.047	1.069
计算机、通信和其他电子设备制造业	1.405	1.372	1.474	1.252	1.310	1.301
仪器仪表制造业	1.200	1.175	1.202	1.021	1.015	1.104

资料来源：王孟欣，蓝汉勇，李朗. 产业关联及技术创新扩散效应——基于装备制造业与生产性服务业的分析［J］. 江苏大学学报（社会科学版），2022，24（1）：24-36.

3.2 中国装备制造业的区域发展

3.2.1 装备制造业形成五大产业集群

目前中国装备制造业形成了环渤海、长三角、珠三角、东北等传统老工业基地和中西部的五大产业集群。其中，环渤海、长三角和珠三角是发展核心，也是产业发展的聚集区。环渤海地区是中国装备制造业最大的聚集区；长三角地区是中国高端装备制造研发和生产的主要区域；珠三角地区是中国智能机器人、海洋工程和航空服务业等智能装备制造的重点区域。由于东北等传统老工业基地在重型装备制造领域仍然占有很大比重，所以东北地区是发展基础。中西部地区作为快速发展区域，是中国轨道交通、航空、卫星和机床等产业的重要制造基地。

3.2.2 主要省（自治区、直辖市）装备制造业发展状况分析

从总体评分来看，2019年，广东、江苏、浙江、北京、山东、上海、福建、湖北、湖南、安徽入围全国制造业高质量发展水平前10位，东部地区有7个省（自治区、直辖市）入围，中部地区有3个省（自治区、直辖市）入围。《制造业高质量发展白皮书（2021）》显示，广东、江苏、浙江、山东、北京、上海6个省（自治区、直辖市），代表我国制造业最高水平，在大多数指标上领先全国，是引领带动其他地区制造业高质量发展的标杆。福建、湖北、安徽、河南、湖南、重庆、四川、天津8个省（自治区、直辖市）的制造业发展基础较好，各项指标相对均衡，且一般高于全国平均水平，是我国制造业发展的关键支撑。江西、河北、辽宁、陕西、内蒙古5个省（自治区、直辖市），依托自身资源禀赋等，建立起一定规模的制造业体系，但新兴领域发展仍不充分，制造业结构普遍有待改善（如图3-2

所示）。

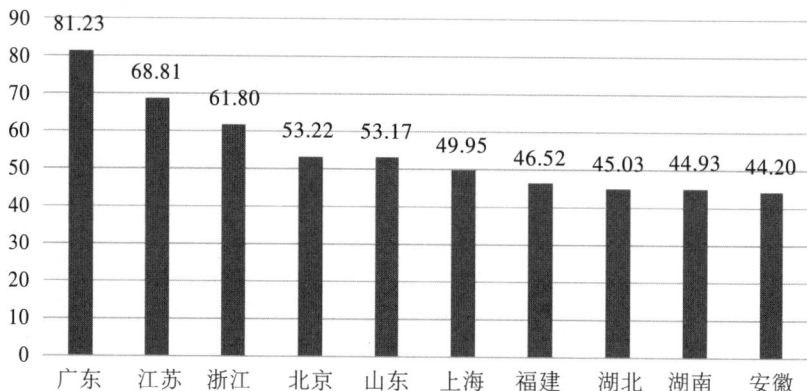

图3-2 2019年制造业高质量发展十强

资料来源：中国电子信息产业发展研究院. 制造业高质量发展白皮书（2021）[R]. 北京：2021.

据中国装备制造行业协会统计，截至2019年，中国装备制造业开发区共有568个（不含中国台湾和海南），其分布非常广泛，大多分布在沿海地区、中部地区省（自治区、直辖市），部分传统装备制造业大省的开发区数量位居前列。从数量来看，河北省拥有的装备制造业开发区数量最多，共85个；河南省拥有装备制造业开发区56个，位列第二；江苏省拥有装备制造业开发区47个，位列第三。从整体来看，有9个省（自治区、直辖市）的装备制造业开发区数量超过20个，19个省（自治区、直辖市）的装备制造业开发区数量超过10个。

3.3 中国装备制造业的产能利用率分析

3.3.1 产能利用率内涵及测算

产能利用率能够反映生产要素利用情况、解释宏观经济波动情况。某行业的产能利用率则能在一定程度上反映出该行业是否存在产能过剩或者产能不足的情况。当行业产能利用率低于某一判定标准时，就可以判定该行业出现了产能过剩的情况。参考相关学者的做法，以中国工业现实为基础，这一判定标准取72%，产能利用率低于72%时，判定为产能过剩。

相关学者使用DSBM模型来测算产能利用率。DSBM模型可以评估决策单元对于整个术语的整体效率以及术语效率。研究对象选取了2001—2015年30个省（自治区、直辖市）的金属制造业，通用设备制造业，专用设备制造业，交通运输设备制造业，电气机械和器材制造业，计算机、通信和其他电子设备制造业，仪器仪表制造业。测算所使用的投入产出指标为总产值、劳动力、资本存量和存货。

2000—2015年，装备制造业的加权平均产能利用率为74.17%，整体来看不存在显著的产能过剩情况。2001—2005年，产能利用率基本保持在80%左右，整体处于上升态势。原因在于2001年加入WTO之后，中国工业深度嵌入全球产业链，这一阶段具有较为坚实的外部需求支撑。接下来，2006—2009年产能利用率突然下降，并在2009年达到低谷64.12%。两个因素导致了这一变化：一是外部金融危机导致的需求下滑；二是国内4万亿元过度投资。之后，全球经济逐渐复苏，2010—2013年产能利用率开始缓慢回升。最后，经济进入新常态以来，产能利用率又开始调头缓慢下降。

东、中、西部2000—2015年装备制造业加权平均产能利用率分别为76.4%、63.53%、66.44%。很明显，东部的产能利用率远高于中西部。东部产能利用率的变化和全国产能利用率变化相似，而中部表现出缓慢下降的态势，西部则呈现出先上升再下降的态势。当发生金融危机时，东部装备制造业的反应最为强烈，其次是西部，中部没有太大的反应（见表3-3）。

表3-3　　　　　　　装备制造业产能利用率的整体情况

年份	全国	东部	中部	西部
2001	0.7968	0.8309	0.6986	0.5999
2002	0.7874	0.8173	0.6927	0.6206
2003	0.8184	0.8433	0.7257	0.6685
2004	0.8070	0.8291	0.6988	0.6771
2005	0.8245	0.8469	0.6903	0.7220
2006	0.7691	0.7817	0.6864	0.7237
2007	0.7580	0.7674	0.6883	0.7463
2008	0.7287	0.7331	0.6833	0.7493
2009	0.6412	0.6350	0.6482	0.6997
2010	0.6675	0.6665	0.6392	0.7290
2011	0.7147	0.7221	0.6544	0.7545
2012	0.7356	0.7476	0.6962	0.7050
2013	0.7650	0.7938	0.6205	0.6210
2014	0.7584	0.7916	0.6018	0.6130
2015	0.7449	0.7842	0.5646	0.5851
平均	0.7417	0.7640	0.6353	0.6644

资料来源：葛鹏飞，黄秀路，王泽润. 装备制造业的产能利用率：程度测算与差异分析 [J]. 中国科技论坛，2019（4）：78-83.

3.3.2　细分行业产能利用率分析

整体来看，按照72%的判定标准，通用装备制造业、专用设备制造业、汽车制造业、电气机械和器材制造业、计算机通信和其他电子设备制造业2017—2022年都不存在产能过剩问题。通用设备制造业的产能利用率整体呈上升趋势，专用设备制造业、电器机械和器材制造业产能利用率变化不大，汽车制造业以及计算机、通信和其他电子产能利用率呈下降趋势（见表3-4）。

表3-4　2017—2022年部分装备制造业细分行业全年产能利用率

行　业	全年产能利用率（%）					
	2017	2018	2019	2020	2021	2022
通用设备制造业	76.7	77.3	78.6	77.3	81.0	79.2
专用设备制造业	76.3	79.1	78.8	77.0	80.0	77.6
汽车制造业	82.2	79.8	77.3	73.5	74.7	72.7
电气机械和器材制造业	79.6	78.0	79.4	78.1	81.0	77.3
计算机、通信和其他电子设备制造业	80.1	79.4	80.6	77.7	80.3	77.8

资料来源：国家统计局。

第4章 "一带一路"倡议下中国装备制造业产能合作的现状与影响因素

本章在分析中国与"一带一路"共建国家各自装备制造业的国际地位，以及"一带一路"倡议下双方产能合作现状的基础上，运用新显性比较优势测度法以及扩展引力模型，探究影响中国与"一带一路"共建国家产能合作的因素。

4.1 "一带一路"倡议下中国装备制造业国际产能合作的现状

4.1.1 中国装备制造业参与国际产能合作现状分析

中国装备制造业近些年来在知识积累与技术进步两方面有较大的发展，然而中国的国内市场逐渐出现饱和的状态，行业竞争势头逐渐激烈起来。即使中国目前国内的需求量巨大，国家政策也予以扶持，但是对于中国装备制造业的企业来说，发展空间仍然受到限制。这时"走出去"必不可少，中国装备制造业企业必须面向国际发展，将发展格局扩大。而"一带一路"共建国家是重要的"走出去"的对象。这些国家大多是发展中国家，对于基础设施的需求数量庞大，中国企业可以挖掘这些国家的潜力，不断开拓国际市场，使这些企业跳出固有舒适圈，在竞争中不断提升自身的竞争力，既促进了企业的能力提升，还缓解了中国市场的压力。

2011—2020 年，我国的装备制造产品对全球的出口以及对共建国家的出口都呈上升态势，并且对共建国家的出口增速快于对全球出口的增速。这说明中国在国际产能合作中十分重视与"一带一路"共建国家之间的合作，将共建国家作为中国装备制造业打开国际市场的基础（如图4-1所示）。

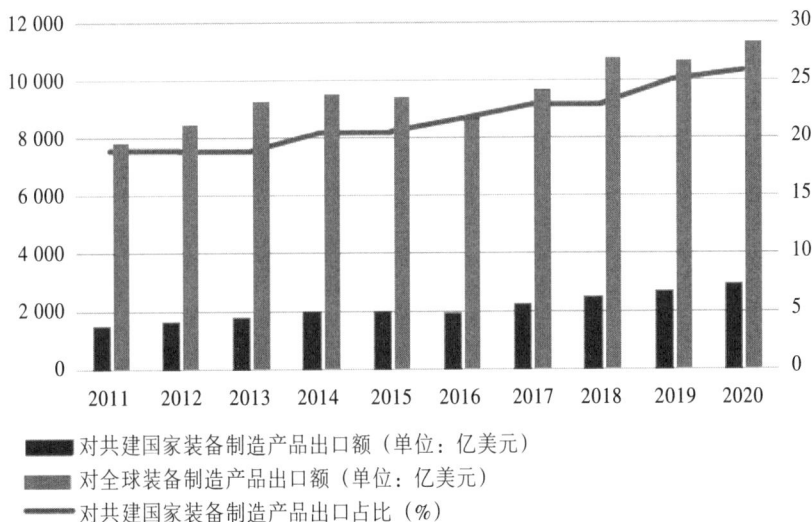

■ 对共建国家装备制造产品出口额（单位：亿美元）
■ 对全球装备制造产品出口额（单位：亿美元）
— 对共建国家装备制造产品出口占比（%）

图4-1　2011—2020年我国对共建国家装备制造产品出口贸易情况

资料来源：胡颖，郭秋硕. 我国对"一带一路"沿线国家装备制造业出口现状及贸易潜力研究 [J]. 对外经贸实务，2022（5）：56-62.

2011—2020 年，我国对共建国家装备制造产品出口呈现区域差异化，主要集中在东南亚国家，并且出口占比不断扩大。由表4-1可知，我国对共建国家出口呈现出较大的空间差异，除印度、俄罗斯、阿联酋和波兰外，其他国家均属于东南亚地区，其总占比达到了47%，仅越南就占到16%，显示出较高的出口集中度。而人口居世界第二、发展迅速的新兴经济体之一的印度，我国对其装备制造产品出口排到了第二位。世界面积第一、工业基础雄厚的俄罗斯和石油天然气资源丰富的阿联酋，也是我国装备制造产品的主要出口国。我国对出口排名前十的国家的出口贸易额为 2 119.56 亿美元，总占比达到72.45%。显而易见，装备制造产品的出口区域十分集中化，并主要集中在东南亚区域。一方面是因为东南亚经济发展比较平稳，与我国的产业结构互补性强，基础建设需求量大；另一方面，双方有良好的贸易和投资基础，2022 年东盟与中国进出口规模达 6.52 万亿元，继续保持中国第一大贸易伙伴地位。东南亚国家与中国关系友好，是我国主要的出口目的地。

表4-1　2020年我国"一带一路"共建国家装备制造产品出口排名前十位的贸易伙伴国

排名	出口国家	出口额（亿美元）	占比（%）
1	越南	474.50	16.22
2	印度	296.93	10.15
3	新加坡	237.10	8.10
4	马来西亚	221.98	7.59
5	俄罗斯	196.72	6.72
6	泰国	175.71	6.01
7	印度尼西亚	140.39	4.80
8	阿联酋	134.69	4.60
9	菲律宾	123.25	4.21
10	波兰	118.39	4.05

资料来源：胡颖，郭秋硕. 我国对"一带一路"沿线国家装备制造业出口现状及贸易潜力研究 [J]. 对外经贸实务，2022（5）：56-62.

装备制造业国际产能合作不仅局限于出口装备制造业产品,还包括了对外承包工程,这也是合作的重要内容和重要方式。根据《中国对外承包工程发展报告2019—2020》,2019年,我国对外承包工程新签合同总份数为11 932份,新签合同额为2 602.5亿美元,同比增长7.6%。"一带一路"共建国家的市场业务规模持续扩大。2019年,企业在"一带一路"62个共建国家新签对外承包工程项目合同6 944份,新签合同额为1 548.9亿美元,占同期我国对外承包工程新签合同额的59.5%,同比增长23.1%;完成营业额979.8亿美元,占同期总额的56.7%,同比增长9.7%,均高于行业总体增速(如图4-2所示)。电力工程建设和交通运输建设为主要合作领域。在完成营业额方面,2019年电力工程建设完成244.8亿美元,占总业务的25%;交通运输建设完成233.3亿美元,占比为23.8%;一般建筑和石油化工项目占比分别为17.7%和12.5%;工业建设、制造加工设施业务完成营业额合计73.4亿美元,占比达7.4%。

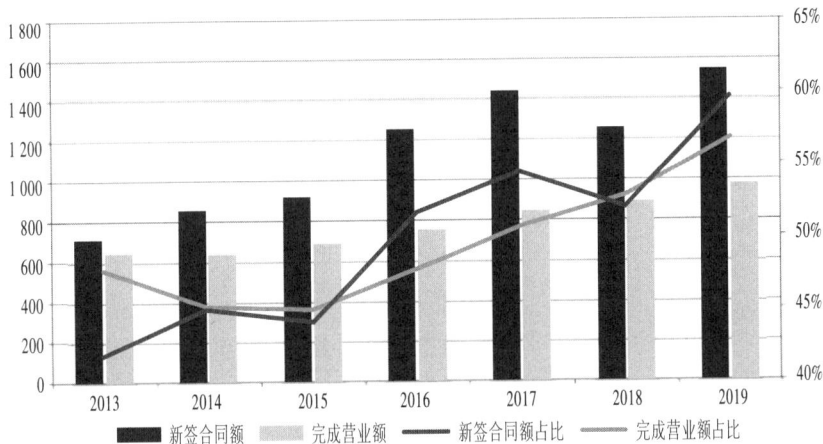

图4-2 2013—2019年"一带一路"共建国家对外承包工程业务走势

(金额单位:亿美元)

大型综合性项目持续增多。2019年,对外承包工程新签合同额在5 000万美元以上的项目有894个,较上年增加47个,合计2 195.1亿美元,占新签合同总额的84.3%。其中,上亿美元项目有506个,较上年增加39个，大型和综合性项目明显增加，特别是在石油化工、地铁、铁路、电站建设等项目中表现更为突出。

一批标志性项目取得实质性进展。肯尼亚内马铁路项目一期正式通车并投入运营；孟加拉国帕德玛大桥铁路连接线项目设计工作取得突破，现场施工稳步推进；印度尼西亚雅万高铁项目建设取得阶段性进展；中老铁路土建工程主体基本完成，持续保持稳产高产态势；斯里兰卡首条新建设计时速120千米的现代化内燃牵引单线宽轨铁路——南部铁路延长线一期项目正式通车；中国企业承建的首个莫斯科地铁项目9条隧道全部贯通。斯里兰卡科伦坡港口城项目已完成填海造地，中巴经济走廊最大交通基础设施项目——巴基斯坦PKM高速公路项目（苏库尔—木尔坦段）提前完工；北非重要航空枢纽阿尔及尔新机场项目正式投入运营；埃及新首都中央商务区建设工作有序推进，部分单体进入主体结构标准层施工。表4-2列出了2019年对外承包工程新签合同额前十项目。

表4-2　　　　　**2019年对外承包工程新签合同额前十项目**

国家	项目名称	签约企业
俄罗斯	波罗的海化工综合体项目	中国化学工程第七建设有限公司
哥伦比亚	波哥大地铁一号线项目	中国港湾工程有限责任公司
孟加拉国	普尔巴里2×1 000兆瓦超超临界燃煤电站二期	中国水电建设集团国际工程有限公司
尼日利亚	阿布贾-巴罗-阿贾奥库塔中线铁路项目和朱库拉-洛克贾支线铁路项目	中国铁建国际集团有限公司
缅甸	MPT JO运维服务产品竞标项目	中兴通讯股份有限公司
伊朗	TPPH 5 000兆瓦联合循环电站项目	中国能源建设集团国际工程有限公司
沙特阿拉伯	萨拉曼国王国际综合港务设施A&B、C及D区（3个包）	中国电建集团山东电力建设有限公司

续表

国家	项目名称	签约企业
马来西亚	东海岸铁路项目	中国港湾工程有限责任公司
尼日利亚	新月岛填海造地和高架桥梁工程项目	中国水电建设集团国际工程有限公司
孟加拉国	博杜阿卡利1 320（2×660）兆瓦燃煤电站项目	北方国际合作股份有限公司

资料来源：商务部合作司，中国对外承包工程商会. 中国对外承包工程发展报告2019—2020［R］. 北京：2021.

4.1.2 "一带一路"共建国家在全球装备制造业贸易中的总体局面

（1）从总体看，"一带一路"共建国家装备制造业贸易收支较平衡，呈小幅顺差

自"一带一路"倡议提出，共建国家装备制造业进出口规模总体呈波动性上升趋势（如图4-3所示）。2019年，本书研究的31个"一带一路"共建国家装备制造业进出口总额为4.386万亿美元，较2018年同比减少9%，贸易顺差为0.435万亿美元，其中，基本金属制品业0.254万亿美元，机械设备制造业3.198万亿美元，计算机、通信及电子光学设备制造业0.274万亿美元，运输设备制造业0.660万亿美元。

进口贸易总额为1.975万亿美元，占总贸易额的45.05%，其中，基本金属制品业0.087万亿美元，机械设备制造业1.443万亿美元，计算机、通信及电子光学设备制造业0.154万亿美元，运输设备制造业0.291万亿美元。

出口贸易总额为2.410万亿美元，占总贸易额的54.95%，其中，基本金属制品业0.167万亿美元，机械设备制造业1.754万亿美元，计算机、通信及电子光学设备制造业0.120万亿美元，运输设备制造业

0.369万亿美元（如图4-4所示）。

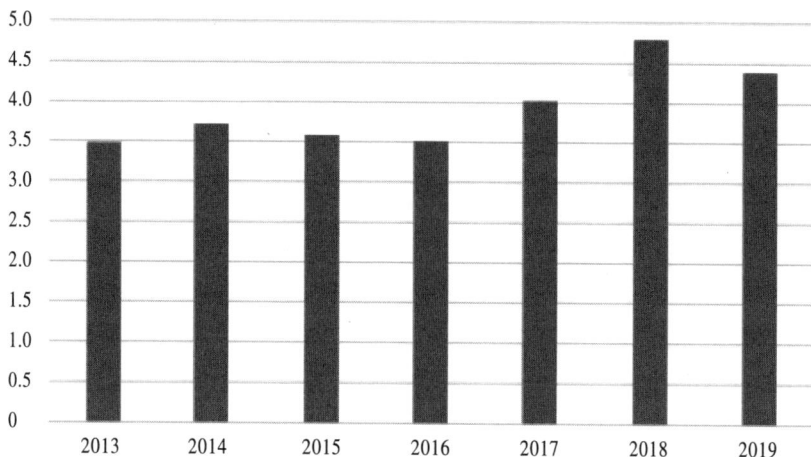

图4-3 2013—2019年共建国家装备制造业进出口规模（单位：万亿美元）

资料来源：UN Comtrade.

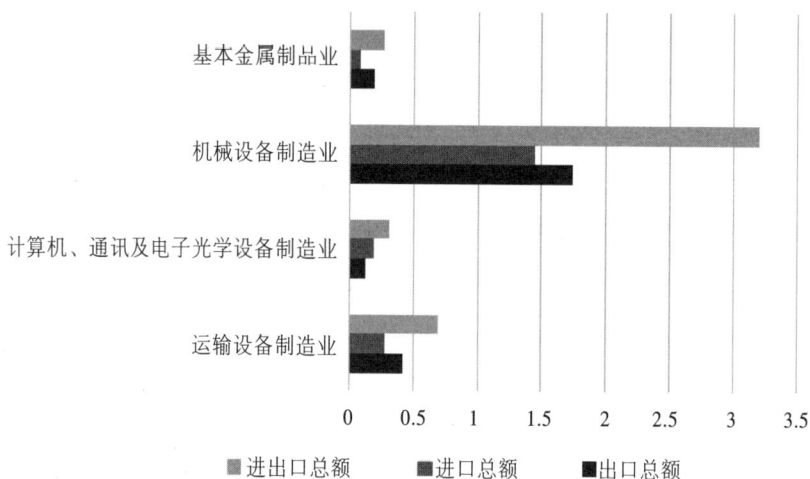

■进出口总额　■进口总额　■出口总额

图4-4 2019年共建国家装备制造业细分行业进出口规模（单位：万亿美元）

资料来源：UN Comtrade.

（2）东南亚地区装备制造业贸易活动最为活跃

2019年，东南亚地区进出口总额为1.431万亿美元，贸易最为活跃，进出口总额占共建国家进出口总额的48.10%。其次为中东欧地区，进出口总额为 0.883 万亿美元，占共建国家进出口总额的 29.69%。再次，是南亚地区，该地区进出口总额共 0.290 万亿美元，占共建国家进出口总额的 9.76%。最后，中亚地区进出口总额为 0.268 万亿美元；西亚地区进出口总额为 0.100 万亿美元；东亚地区进出口总额为 0.003 万亿美元（如图 4-5 所示）。

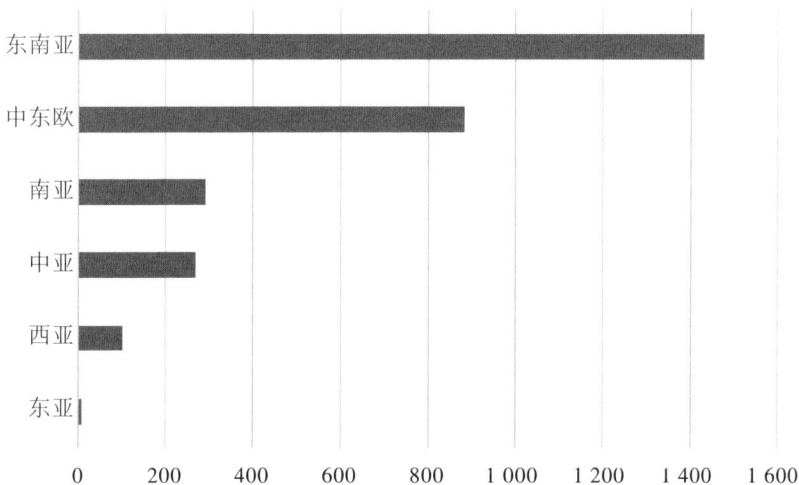

图 4-5　2019 年共建国家不同地区装备制造业进出口总额（单位：十亿美元）

资料来源：UN Comtrade.

从进口方面看，东南亚地区以 0.439 万亿美元的进口额排在首位，其次是中东欧地区，为 0.415 万亿美元；第三位为南亚地区，为 0.136 万亿美元。从出口方面来看，与进口额区域分布相似，东南亚地区以 0.991 万亿美元的出口量排在 "一带一路" 共建国家的第一位，第二位和第三位分别为出口额达到 0.471 万亿美元的中东欧地区和出口额为 0.073 万亿美元的南亚地区。

（3）印度尼西亚、泰国、马来西亚装备制造业进出口额在 "一带一路" 共建国家中位居前三名

从 "一带一路" 各共建国家（不包括中国）与全球开展的装备制造业贸易总额来看，2019 年，印度尼西亚居于首位，进出口总额为 0.438 万亿美元；其次是泰国，进出口总额为 0.307 万亿美元；排在第

三位的是马来西亚，其进出口总额达到0.269万亿美元；之后是印度、越南和吉尔吉斯斯坦，进出口总额均约为2 500亿美元。

从"一带一路"各共建国家（不包括中国）装备制造业出口情况来看，捷克出口额最高，达0.131万亿美元，其后依次为越南、马来西亚、波兰和泰国，出口额均超过1 000亿美元。进口方面，印度进口额在共建国家中排名第一，达0.124万亿美元，其后为越南、波兰、捷克、马来西亚和泰国，其进口额均超过900亿美元。

（4）中国与"一带一路"共建国家装备制造业进出口总体格局

目前，中国装备制造业产业体系日渐完善，技术水平日渐提升，已经发展成为支撑国民经济的重要产业。2018年，中国籍企业在"一带一路"共建国家非金融类直接投资总额中达156.4亿美元，同比增长8.9%，增速较2017年提高10.1%，占2018年对外直接投资总额的13%，较2017年提高了1%。2019年，中国与"一带一路"国家装备制造业的贸易总额达0.395万亿美元，在中国与世界装备制造业进出口总额中占13.26%，"一带一路"共建国家在中国装备制造业进出口贸易中的地位日益凸显。在出口方面，2019年中国向"一带一路"共建国家出口贸易总额达0.245万亿美元，其中，装备制造产品的出口额是中国与世界装备制造业总出口额的17.88%。在进口方面，2019年，中国从"一带一路"共建国家进口装备制造产品的贸易总额达0.144万亿美元，占中国从全球进口装备制造产品总额的比重为16.09%。由此可见，"一带一路"共建国家日渐成为中国装备制造业产品的重要目的地与来源地。

2019年，中国与"一带一路"共建国家装备制造业进出口总额排前十名的贸易伙伴依次为：越南（0.089万亿美元）、马来西亚（0.071万亿美元）、泰国（0.045万亿美元）、印度（0.043万亿美元）、菲律宾（0.031万亿美元）、印度尼西亚（0.025万亿美元）、波兰（0.016万亿美元）、捷克（0.015万亿美元）、土耳其（0.009万亿美元）和匈牙利（0.008万亿美元）。进口方面，中国主要从马来西亚、越南和泰国进口，进口额分别为0.044万亿美元、0.039万亿美元和

0.023万亿美元。出口方面，中国是越南、印度和马来西亚等共建国家的重要装备制造业货源地。

4.1.3　中国装备制造业国际产能合作布局

（1）"一带一路"共建国家装备制造业贸易网络构建

从 UN Comtrade（联合国商品贸易统计数据库）中获取36个"一带一路"共建国家2022年装备制造业的出口贸易额，作出一个36×36的初始贸易矩阵，然后将节点之间的连接条件分别设为出口贸易总额大于100万美元、1 000万美元、1亿美元，用 UCINET 6 软件进行处理，由此得出的贸易网络如图4-6、图4-7、图4-8所示。

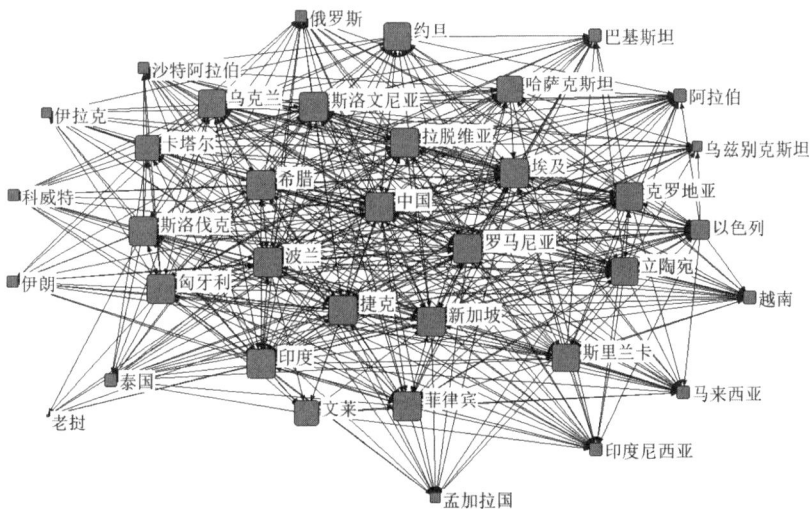

图4-6　2022年"一带一路"建设36个国家大于100万美元装备制造业贸易网络

在图4-6至图4-8中，箭头方向是贸易流向，箭头的粗细衡量的是贸易流量的大小。一个国家与其他国家连接的边越多、密度越高，就表明该国家越接近装备制造业贸易网络中的中心位置。在"一带一路"共建国家装备制造业贸易中，中国、新加坡、捷克、波兰等国处于贸易网络的中心位置。同时，随着连接条件的增加，贸易网络越来越稀疏，节点与节点之间的连线越来越少，尤其连接条件增加至1亿美元时，小国与小国之间几乎没有连线。

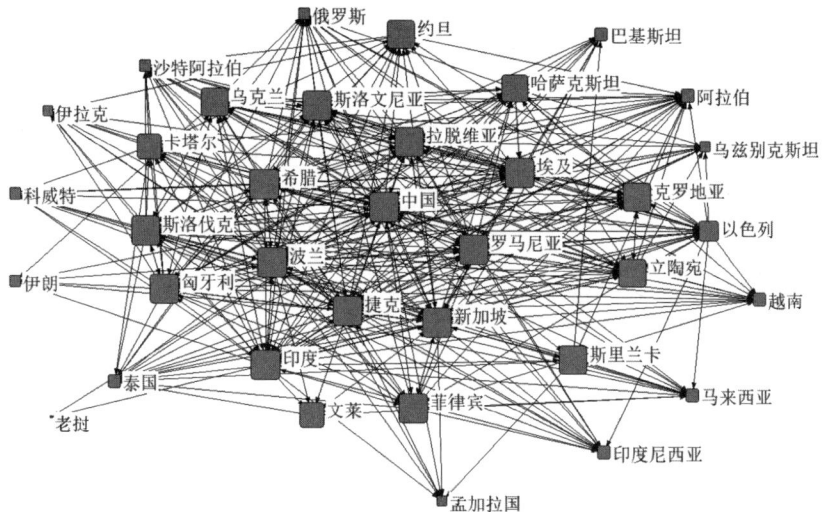

图 4-7　2022 年"一带一路"建设 36 个国家大于 1 000 万美元装备制造业贸易网络

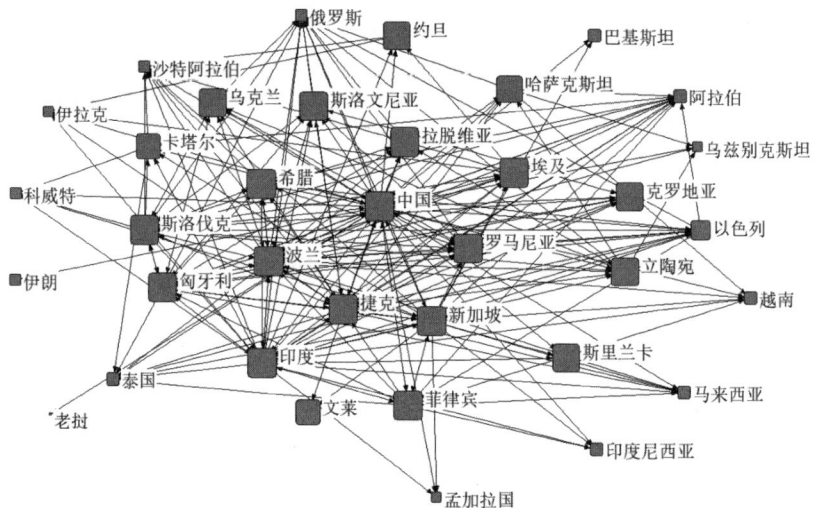

图 4-8　2022 年"一带一路"建设 36 个国家大于 1 亿美元装备制造业贸易网络

（2）"一带一路"共建国家装备制造业贸易网络的整体网密度分析

密度是指在网络中实际包含的关系数量与理论上包含的最大值的比值，表示在一个网络中各个节点之间联络的紧密程度。密度越大，就说明这种联系程度对网络中国家的影响力越大，这时的网络联系紧密，网络中的个体既受到社会资源的正面影响，也受到负面影响，会被限制发展。

整体路网密度的计算公式如下：

$$\alpha = m/\left[n\left(n-1\right)/2\right] = 2m/n\left(n-1\right) \qquad (4-1)$$

式中：n为网络中的国家（地区）的个数，网络中实际包含的关系数目为m。

根据公式（4-1），利用 UCINET 6 软件对不同连接条件下网络的整体网密度进行计算，可得到结果如表4-3所示。

表4-3   "一带一路"共建国家装备制造业贸易网络的整体
路网密度和关系数量

连接条件	整体路网密度	关系的数量
100万	0.9667	609
1 000万	0.7556	476
1亿	0.4048	255

对表4-3进行分析，可得如下结论：

当选择不同的标准衡量关系的时候，构建出来的"一带一路"共建国家装备制造业贸易网络密度也不同，两个国家之间的出口贸易额越小，则联系越弱；出口贸易额越大，则联系越紧密，这个时候两个国家之间相互影响力越大。以100万美元、1 000万美元、1亿美元分别为标准构建3种关系强度的网络，网络关系越强，整体路网密度越大，关系数量越多。

结合图4-6至图4-8可知，"一带一路"共建国家装备制造业贸易网络中，小国与小国之间由于贸易额较小，所以联系较为松散，当网络构建标准的连接条件增加到一定程度，则小国之间连线消失；大国之间贸易额较大，所以在网络中联系紧密。

（3）"一带一路"共建国家装备制造业贸易网络的节点中心地位分析

度数中心度用来衡量节点在网络中的中心地位，一个国家若是有着较高的中心度，则代表这个国家与其他众多国家之间具有直接联系，即这个国家处于中心位置，影响力较大。公式如下：

$$D_1(i) = \sum \frac{C_{max} - C(i)}{C_{max}} \qquad (4\text{-}2)$$

式中：$C(i)$ 为国家 i 的绝对度数中心度，C_{max} 为网络中最大的度数中心度。

根据公式（4-2），利用 UCINET 6 软件对不同连接条件下贸易网络度数中心度进行计算，可得到的结果如表4-4所示。

表4-4　　　　不同连接条件下的装备制造业贸易网络度数中心度

排名	国家	100万	排名	国家	1 000万	排名	国家	1亿
1	中国	100.000	1	中国	100.000	1	中国	100.000
1	捷克	100.000	2	印度	97.143	2	印度	80.000
1	匈牙利	100.000	2	波兰	94.286	3	波兰	68.571
1	印度	100.000	4	捷克	91.429	4	捷克	65.714
1	波兰	100.000	5	新加坡	91.429	5	新加坡	62.857
1	新加坡	100.000	5	匈牙利	88.571	6	匈牙利	54.286
7	斯洛伐克	97.143	7	斯洛伐克	82.857	6	斯洛伐克	54.286
8	罗马尼亚	94.286	7	罗马尼亚	80.000	8	罗马尼亚	40.000
9	希腊	91.429	9	以色列	71.429	8	俄罗斯	40.000
9	斯洛文尼亚	91.429	9	希腊	68.571	8	阿拉伯	40.000
11	埃及	88.571	11	埃及	65.714	11	以色列	37.143
12	克罗地亚	82.857	12	斯洛文尼亚	62.857	12	菲律宾	34.286
12	立陶宛	82.857	13	阿拉伯	60.000	13	埃及	31.429
12	乌克兰	82.857	14	哈萨克斯坦	57.143	14	希腊	28.571
15	卡塔尔	80.000	14	立陶宛	57.143	14	立陶宛	28.571
16	菲律宾	77.143	16	乌克兰	57.143	14	沙特阿拉伯	28.571

续表

排名	国家	100万	排名	国家	1 000万	排名	国家	1亿
17	以色列	74.286	16	拉脱维亚	54.286	17	哈萨克斯坦	25.714
17	拉脱维亚	74.286	16	卡塔尔	54.286	17	斯洛文尼亚	25.714
19	斯里兰卡	68.571	19	克罗地亚	51.429	17	泰国	25.714
20	哈萨克斯坦	65.714	20	菲律宾	51.429	20	克罗地亚	22.857
21	约旦	62.857	20	俄罗斯	51.429	21	卡塔尔	22.857
22	印度尼西亚	60.000	22	沙特阿拉伯	48.571	22	乌克兰	22.857
22	马来西亚	60.000	23	泰国	48.571	23	拉脱维亚	20.000
22	阿拉伯	60.000	23	约旦	42.857	23	马来西亚	20.000
25	俄罗斯	57.143	23	印度尼西亚	37.143	25	越南	17.143
25	沙特阿拉伯	57.143	26	马来西亚	37.143	26	伊拉克	14.286
25	泰国	57.143	26	越南	37.143	26	约旦	14.286
25	越南	57.143	28	乌兹别克斯坦	34.286	26	科威特	14.286
29	巴基斯坦	51.429	28	伊拉克	31.429	29	印度尼西亚	11.429
30	伊拉克	42.857	28	科威特	28.571	29	乌兹别克斯坦	11.429
30	科威特	42.857	28	巴基斯坦	28.571	31	孟加拉国	8.571
32	孟加拉国	40.000	32	孟加拉国	20.000	31	斯里兰卡	8.571
32	伊朗	40.000	33	斯里兰卡	20.000	33	文莱	5.714
32	乌兹别克斯坦	40.000	34	文莱	17.143	33	巴基斯坦	5.714
35	文莱	31.429	35	伊朗	17.143	35	伊朗	2.857
36	老挝	20.000	36	老挝	5.714	35	老挝	2.857

在一个网络中,度数中心度的值越大,则说明节点的影响力越大。从表4-4中可知,在高密度网络中,波兰、印度、新加坡、匈牙利、印度、中国的影响力最大,影响力较大的国家有斯洛伐克、罗马尼亚等。在中等密度网络中,中国是中心节点,影响力最大;其次是

印度、波兰、捷克、新加坡，这些国家是网络次级核心节点。中国可以适当增加与这些国家的贸易往来，推动国际产能合作。在低密度关系网络中，节点之间的贸易关系数量大幅度下降，网络变得稀疏起来。这时中国依然是度数中心度最大的国家，是核心节点，影响力最大；次级核心节点是印度、波兰、捷克、新加坡、匈牙利，影响力较大。综合来看，中国在3种连接条件下都是影响力最大的，可见目前中国装备制造业的国际产能合作的现状是比较可观的。

（4）"一带一路"共建国家装备制造业贸易网络与核心节点关系分析

接近中心度衡量核心节点之间的关系，用与核心节点之间的距离表示节点之间传递信息的独立性。当一个国家与其他国家的联系路径皆较短的时候，就表示这个国家传递信息的时候比较方便，则该国家就是整体中心国。公式如下：

$$D_2(i) = \sum \frac{d_{ij}}{n-1} \tag{4-3}$$

式中：d_{ij}表示国家i与国家j之间的测地线距离（即测地线中包含的线的个数），网络中的核心国家的接近中心度是（n-1）（假设网络中有n个点）。

根据公式（4-3），利用UCINET 6软件对2022年不同连接条件下的"一带一路"共建国家装备制造业贸易网络的接近中心度进行计算，可得到结果如表4-5所示。

表4-5　　不同连接条件下的装备制造业贸易网络接近中心度

排名	国家	100万	排名	国家	1 000万	排名	国家	1亿
1	中国	100	1	中国	100	1	中国	100
1	捷克	100	2	印度	97.222	2	印度	83.333
1	匈牙利	100	3	波兰	94.595	3	波兰	76.087
1	印度	100	4	捷克	92.105	4	捷克	74.468
1	波兰	100	4	新加坡	92.105	5	新加坡	72.917

排名	国家	100万	排名	国家	1 000万	排名	国家	1亿
1	新加坡	100	6	匈牙利	89.744	6	匈牙利	68.627
7	斯洛伐克	97.222	7	斯洛伐克	85.366	6	斯洛伐克	68.627
8	罗马尼亚	94.595	8	罗马尼亚	83.333	8	罗马尼亚	62.500
9	希腊	92.105	9	以色列	77.778	8	俄罗斯	62.500
9	斯洛文尼亚	92.105	10	希腊	76.087	8	阿拉伯	62.500
11	埃及	89.744	11	埃及	74.468	11	以色列	61.404
12	克罗地亚	85.366	12	斯洛文尼亚	72.917	12	菲律宾	60.345
12	立陶宛	85.366	13	阿拉伯	71.429	13	埃及	59.322
12	乌克兰	85.366	14	哈萨克斯坦	70.000	14	希腊	58.333
15	卡塔尔	83.333	14	立陶宛	70.000	14	立陶宛	58.333
16	菲律宾	81.395	14	乌克兰	70.000	14	沙特阿拉伯	58.333
17	以色列	79.545	17	拉脱维亚	68.627	17	哈萨克斯坦	57.377
17	拉脱维亚	79.545	17	卡塔尔	68.627	17	斯洛文尼亚	57.377
19	斯里兰卡	76.087	19	克罗地亚	67.308	17	泰国	57.377
20	哈萨克斯坦	74.468	19	菲律宾	67.308	20	克罗地亚	56.452
21	约旦	72.917	19	俄罗斯	67.308	20	卡塔尔	56.452
22	印度尼西亚	71.429	22	沙特阿拉伯	66.038	20	乌克兰	56.452
22	马来西亚	71.429	22	泰国	66.038	23	拉脱维亚	55.556
22	阿拉伯	71.429	24	约旦	63.636	23	马来西亚	55.556
25	俄罗斯	70.000	25	印度尼西亚	61.404	25	越南	54.688
25	沙特阿拉伯	70.000	25	马来西亚	61.404	26	伊拉克	53.846
25	泰国	70.000	25	越南	61.404	26	约旦	53.846
25	越南	70.000	28	乌兹别克斯坦	60.345	26	科威特	53.846

续表

排名	国家	100万	排名	国家	1 000万	排名	国家	1亿
29	巴基斯坦	67.308	29	伊拉克	59.322	29	印度尼西亚	53.030
30	伊拉克	63.636	30	科威特	58.333	29	乌兹别克斯坦	53.030
30	科威特	63.636	30	巴基斯坦	58.333	31	孟加拉国	52.239
32	孟加拉国	62.500	32	孟加拉国	55.556	31	斯里兰卡	52.239
32	伊朗	62.500	32	斯里兰卡	55.556	33	文莱	51.471
32	乌兹别克斯坦	62.500	34	文莱	54.688	33	巴基斯坦	51.471
35	文莱	59.322	34	伊朗	54.688	35	伊朗	50.725
36	老挝	55.556	36	老挝	51.471	35	老挝	50.725

在低密度的网络中，中国拥有最大的接近中心度，且接近中心度与其他国家相差较大，达到100，说明中国在网络中较少依赖其他国家；其余国家皆不到85，与中国相差较大。波兰、印度、捷克、新加坡在网络中位于次级核心节点的位置，接近中心度较大，虽然小于85，但是大于70，与核心节点距离较近，在网络中占据着重要的位置，比较不容易受到其他国家的控制。在中等密度的网络中，中国的接近中心度依旧最大，有较强的贸易合作能力，处于中心位置，贸易联系密切而且较少依赖其他成员国；匈牙利、新加坡、印度、斯洛伐克、罗马尼亚、波兰、捷克的接近中心度较大，是网络的次级核心节点，与中国之间的联系也较为紧密，但也较为独立，不需要依赖其他国家。在高密度的网络中，中心节点较多。斯洛伐克、捷克、新加坡、匈牙利、印度、中国的接近中心度都是100，都是网络的中心节点；斯洛伐克、罗马尼亚、希腊、斯洛文尼亚的接近中心度都较大，在网络中属于次级中心节点。乌兹别克斯坦、伊朗、文莱、老挝的接近中心度较小，排名靠后，其中老挝排名处于最末端，老挝应当不断提升与其他国家的贸易联系程度。

（5）"一带一路"共建国家装备制造业贸易网络的资源控制程度分析

中间中心度又称中介中心度，可以衡量一个节点处于另外两个节点之间的联结作用。如果一个节点在很多个节点对应的测地线上，该节点就具有较高的中间中心度，也就是说这个节点的连接作用很强。公式如下：

$$D_3(i) = \sum_{j}^{n} \sum_{k}^{n} b_{jk}(i), \ j \neq k \neq i \text{且} j < k \qquad (4-4)$$

式中：b_{jk} 表示节点 j 和节点 k 之间存在的测地线的数目，$b_{jk}(i)$ 表示节点 i 位于节点 j 与节点 k 之间测地线的概率。

根据公式（4-4），利用 UCINET 6 软件对 2022 年不同连接条件下的"一带一路"共建国家装备制造业贸易网络的中间中心度进行计算，得到的结果如表4-6所示。

表4-6　　不同连接条件下的装备制造业贸易网络中间中心度

排名	国家	100万	排名	国家	1 000万	排名	国家	1亿
1	中国	2.650	1	中国	9.334	1	中国	35.156
1	捷克	2.650	2	新加坡	7.021	2	印度	11.394
1	匈牙利	2.650	3	印度	6.309	3	新加坡	7.687
1	印度	2.650	4	波兰	5.125	4	波兰	5.363
1	波兰	2.650	5	捷克	4.085	5	捷克	4.192
1	新加坡	2.650	6	匈牙利	3.302	6	斯洛伐克	2.658
7	斯洛伐克	2.508	7	斯洛伐克	2.085	7	匈牙利	1.882
8	罗马尼亚	1.541	8	罗马尼亚	1.714	8	阿拉伯	0.704
9	斯洛文尼亚	1.286	9	希腊	1.357	9	俄罗斯	0.688
10	希腊	1.274	10	以色列	1.107	10	菲律宾	0.617
11	埃及	1.044	11	埃及	1.089	11	埃及	0.568
12	乌克兰	1.032	12	阿拉伯	0.940	12	罗马尼亚	0.465

续表

排名	国家	100万	排名	国家	1 000万	排名	国家	1亿
13	菲律宾	1.023	13	泰国	0.831	13	立陶宛	0.454
14	卡塔尔	0.853	14	卡塔尔	0.626	14	沙特阿拉伯	0.434
15	立陶宛	0.829	15	乌克兰	0.595	15	哈萨克斯坦	0.415
16	克罗地亚	0.660	16	斯洛文尼亚	0.535	16	以色列	0.281
17	斯里兰卡	0.618	17	菲律宾	0.534	17	卡塔尔	0.212
18	拉脱维亚	0.505	18	哈萨克斯坦	0.296	18	泰国	0.138
19	以色列	0.445	19	立陶宛	0.287	19	希腊	0.088
20	约旦	0.305	20	马来西亚	0.258	20	越南	0.052
21	马来西亚	0.288	21	沙特阿拉伯	0.248	21	乌克兰	0.045
22	印度尼西亚	0.280	22	拉脱维亚	0.228	22	伊拉克	0.034
23	泰国	0.241	23	巴基斯坦	0.179	22	约旦	0.034
24	哈萨克斯坦	0.219	24	俄罗斯	0.145	24	拉脱维亚	0.021
25	阿拉伯	0.120	25	斯里兰卡	0.116	24	斯洛文尼亚	0.021
26	沙特阿拉伯	0.112	26	约旦	0.107	26	科威特	0.013
27	俄罗斯	0.084	27	克罗地亚	0.075	27	孟加拉国	0.000
27	越南	0.084	28	孟加拉国	0.072	27	文莱	0.000
29	巴基斯坦	0.060	29	印度尼西亚	0.065	27	克罗地亚	0.000
30	伊朗	0.037	30	越南	0.050	27	印度尼西亚	0.000
31	文莱	0.025	31	文莱	0.013	27	伊朗	0.000
32	科威特	0.023	32	科威特	0.012	27	老挝	0.000
33	伊拉克	0.017	33	伊朗	0.000	27	马来西亚	0.000
34	孟加拉国	0.014	33	伊拉克	0.000	27	巴基斯坦	0.000
35	老挝	0.000	33	老挝	0.000	27	斯里兰卡	0.000
36	乌兹别克斯坦	0.000	33	乌兹别克斯坦	0.000	27	乌兹别克斯坦	0.000

在低密度网络中，中国是中心节点国家，拥有最大的中间中心度，且中间中心度与其他国家相差较大，达到35.156，拥有最大的资源控制力和影响力。斯洛伐克、印度、匈牙利、新加坡、波兰、捷克在网络中位于次级核心节点的位置，中间中心度较大，虽然小于10，但是大于1，拥有较大的资源控制力与影响力。中国如果要提升在"一带一路"共建国家装备制造业贸易网络中的影响力，就要加强与国家之间的贸易联系。在中等密度网络中，中国依旧充当桥梁角色。新加坡、印度、波兰、捷克等国家中间中心度较大，是网络的次级核心节点，对整个网络的贸易发展具有较大控制力。在这些国家中，新加坡属于发达国家，具有枢纽港，对全球海运贸易有重要影响，中国需增加对其的港口投资，进一步提高中国在"一带一路"共建国家装备制造业贸易网络中的地位与影响力。在高密度网络，有多个中心节点，分别是捷克、波兰、新加坡、匈牙利、印度、中国，这些国家对贸易网络连接作用相同，对网络资源具有较高控制力。

（6）"一带一路"共建国家装备制造业贸易网络的节点影响力分析

特征向量中心度可以用于衡量节点影响力，在本书经过二值化的邻接矩阵A中，国家（地区）i的特征向量中心度为：

$$D_4(i) = \frac{\alpha \sum A_{ij} D_4(j)}{D_{4max}} \quad (4-5)$$

式中：A_{ij}为经过二值化的邻接矩阵，α为该矩阵一个特征值的倒数；$D_4(j)$为与国家（地区）i相连接的国家j的特征向量中心度；D_{4max}为此网络中可能存在的最大的特征向量中心度。

根据公式（4-5），利用UCINET 6软件对2022年不同连接条件下的"一带一路"共建国家装备制造业贸易网络的接近中心度进行计算，可得到的结果如表4-7所示。

表4-7　　不同连接条件下的装备制造业贸易网络特征向量中心度

排名	国家	100万	排名	国家	1 000万	排名	国家	1亿
1	中国	29.763	1	中国	34.166	1	中国	46.203
1	捷克	29.763	2	印度	34.037	2	印度	42.482
1	匈牙利	29.763	3	波兰	33.710	3	波兰	40.554
1	印度	29.763	4	捷克	33.377	4	捷克	39.855
1	波兰	29.763	5	匈牙利	32.984	5	匈牙利	35.570
1	新加坡	29.763	6	新加坡	32.060	6	斯洛伐克	33.826
7	罗马尼亚	29.081	7	斯洛伐克	32.060	7	新加坡	33.474
8	斯洛伐克	28.968	8	罗马尼亚	31.461	8	罗马尼亚	29.274
9	希腊	28.552	9	以色列	28.957	9	阿拉伯	28.872
10	斯洛文尼亚	28.547	10	希腊	27.600	10	以色列	28.381
11	埃及	28.019	11	斯洛文尼亚	26.691	11	俄罗斯	28.171
12	克罗地亚	26.881	12	埃及	26.442	12	菲律宾	23.786
13	立陶宛	26.491	13	阿拉伯	25.409	13	希腊	23.045
14	乌克兰	26.115	14	哈萨克斯坦	24.852	14	埃及	22.783
15	卡塔尔	25.375	15	立陶宛	24.777	15	斯洛文尼亚	21.022
16	以色列	24.550	16	乌克兰	24.022	16	沙特阿拉伯	20.513
17	拉脱维亚	24.342	17	拉脱维亚	23.710	17	泰国	20.417
18	菲律宾	24.192	18	俄罗斯	23.221	18	立陶宛	19.452
19	哈萨克斯坦	22.294	19	克罗地亚	23.195	19	克罗地亚	19.261
20	斯里兰卡	21.935	20	沙特阿拉伯	21.574	20	乌克兰	18.201
21	阿拉伯	21.226	20	卡塔尔	21.574	21	哈萨克斯坦	17.840
22	约旦	21.015	22	菲律宾	21.155	22	马来西亚	17.469
23	印度尼西亚	20.851	23	泰国	20.566	23	拉脱维亚	16.249

续表

排名	国家	100万	排名	国家	1 000万	排名	国家	1亿
24	马来西亚	20.803	24	约旦	19.394	24	卡塔尔	15.823
25	俄罗斯	20.436	25	越南	17.433	25	越南	13.628
25	越南	20.436	26	印度尼西亚	17.393	26	科威特	11.459
27	沙特阿拉伯	20.304	27	马来西亚	16.672	27	伊拉克	10.727
28	泰国	20.013	28	乌兹别克斯坦	16.139	28	印度尼西亚	9.734
29	巴基斯坦	18.551	29	伊拉克	14.929	29	约旦	9.518
30	伊拉克	15.728	30	科威特	13.881	30	乌兹别克斯坦	8.273
31	科威特	15.722	31	巴基斯坦	12.759	31	孟加拉国	8.147
32	孟加拉国	14.755	32	孟加拉国	9.127	31	斯里兰卡	8.147
33	伊朗	14.704	33	伊朗	8.666	33	文莱	5.314
34	乌兹别克斯坦	14.614	34	文莱	7.716	33	巴基斯坦	5.314
35	文莱	11.024	35	斯里兰卡	7.577	35	伊朗	3.082
36	老挝	7.798	36	老挝	2.985	35	老挝	3.082

在低密度网络中,中国特征向量中心度最大,说明中国在"一带一路"共建国家装备制造业贸易网络中的影响力是最大的。印度、波兰、捷克、匈牙利、斯洛伐克、新加坡在网络中特征向量中心度比较大,影响力与中国相比稍逊一筹。在中等密度的网络中,斯里兰卡与老挝的特征向量中心度只有7.577和2.985,与其他国家相差较大,在贸易网络中影响力较小,国家的贸易发展十分具有依赖性。在高密度的"一带一路"共建国家装备制造业贸易网络中,具有多个中心节点,捷克、波兰、新加坡、匈牙利、印度、中国都是影响力特别大的国家,一些中亚和东南亚的小国特征向量中心度较小,国家发展独立性较差。

(7)"一带一路"共建国家装备制造业贸易网络的小世界特征分析

小世界网络是指在随机网络和规则网络之间的一种关联性网络。

小世界特征是指较小的平均路径长度和较大的聚集系数。平均路径长度的计算公式为：

$$L = \frac{2}{n(n-1)} \sum_{i=1}^{n} \sum_{j=i+1}^{n} d_{ij} \tag{4-6}$$

式中：d_{ij} 是网络中节点 i 到 j 的最短路径长度，n 为网络节点个数。

网络的平均聚集系数为：

$$C = \frac{1}{n} \sum_{i=1}^{n} C_i \tag{4-7}$$

式中：C_i 表示点 i 的聚集系数，其公式为：

$$C = \frac{2M_i}{K_i(K_i-1)} \tag{4-8}$$

式中：n 代表网络中含有的节点数，若点 i 与 K_i 个节点直接连接，则无向网络中可能存在的最大边数为 $K_i(K_i-1)$，M_i 是 K_i 个节点在网络中实际存在的边数。根据公式（4-6）、公式（4-7）、公式（4-8），利用 UCINET 6 软件对 2022 年不同连接条件下的"一带一路"共建国家装备制造业贸易网络的聚集系数和特征路径长度进行计算，可得到的结果如表 4-8 所示。

表4-8 　　不同连接条件下的装备制造业贸易网络的小世界特征

连接条件	聚集系数	特征路径长度
100 万	0.679	1.209
1 000 万	0.669	1.387
1 亿	0.639	1.728

在一个巨大的网络中，如果其中的关系较为稀疏，没有核心节点但是有一个高度集聚的特征，则这个网络就是小世界网络，这个网络具有较短的特征路径长度和较大的集聚系数。在贸易网络的构建中，一个国家的特征路径长度是这个国家与其他国家想要达成贸易合作所需要的最少的贸易关系数量；一个国家的集聚系数描述了这个贸易网

络的集聚特征，集聚特征是指甲国和乙国进行贸易，乙国和丙国进行贸易，则甲国和丙国也有可能进行贸易合作。贸易网络的集聚系数是用来衡量一个网络的聚集性程度的，这个数值越大，节点之间的联系就越多、越密切。

"一带一路"共建国家装备制造业贸易网络在3种不同连接条件下聚集系数和特征路径长度是不同的。在100万的连接条件下，聚集系数是0.679，特征路径长度为1.209；在1 000万的连接条件下，聚集系数是0.669，特征路径长度为1.387；在1亿的连接条件下，聚集系数是0.639，特征路径长度为1.728。这说明，在100万、1 000万、1亿3种连接条件下的贸易网络中，两个节点之间的平均距离分别是1.209、1.387、1.728，也就是说，两个国家之间的贸易只存在一个中间国家，在贸易网络中的成员之间是比较容易展开贸易合作的。聚集系数在0与1之间，数值越大，则说明贸易网络中的成员之间传递性越强。本书研究的"一带一路"共建国家装备制造业的贸易网络中平均聚集系数较高，平均路径长度较短，意味着在网络中，各个成员之间的凝聚性较强，而且传递性较强，平均只要通过1个成员就可以让另外两个成员之间建立贸易合作关系，整个贸易网络中的效率较高，这种高效的特点增大了"一带一路"共建国家装备制造业的贸易联系密度。"一带一路"共建国家装备制造业贸易网络具有较大的集聚系数、较小的特征路径长度，因此可以说，3种连接条件下"一带一路"共建国家装备制造业贸易网络都具有小世界特征。

(8)"一带一路"共建国家装备制造业贸易网络的节点平均出入度分析

"一带一路"共建国家装备制造业贸易网络中的节点度是指与第i节点有装备制造业贸易关系的国家或地区的数量。"一带一路"共建国家装备制造业贸易网络由于具有方向性，分为出度和入度。出度表示某国家出口装备制造业到其他国家关系的个数，入度表示某国家从其他国家进口装备制造业关系的个数。"一带一路"共建国家装备制造业贸易网络节点度i的出度被定义为：

$$K_i = \sum_{j=1}^{N} a_{ij} \tag{4-9}$$

"一带一路"共建国家装备制造业贸易网络节点 i 的入度被定义为：

$$K_j = \sum_{i=1}^{N} a_{ij} \tag{4-10}$$

式中：N 为"一带一路"共建国家装备制造业贸易网络中贸易国家或地区的数量；a_{ij} 为各年装备制造业复杂网络邻接矩阵的数值。

在一个网络的构建中，度数指网络中某个节点的所有关系数量的总和，网络中节点的数量越多，则关系数量越多。根据公式（4-9）、公式（4-10），利用 UCINET 6 软件对 2022 年不同连接条件下的"一带一路"共建国家装备制造业贸易网络的出度和入度进行计算，可得到的结果如表4-9和表4-10所示。

表4-9　　　　不同连接条件下的装备制造业贸易网络的出度

排名	国家	100万	排名	国家	1 000万	排名	国家	1亿
1	中国	35	1	中国	35	1	中国	35
1	捷克	35	2	印度	34	2	印度	27
1	匈牙利	35	3	波兰	33	3	波兰	23
1	印度	35	4	捷克	32	4	捷克	22
1	波兰	35	4	新加坡	32	4	新加坡	22
1	新加坡	35	6	匈牙利	31	6	斯洛伐克	19
7	斯洛伐克	34	7	斯洛伐克	29	7	匈牙利	18
8	希腊	32	8	罗马尼亚	27	8	罗马尼亚	12
8	罗马尼亚	32	9	以色列	24	9	菲律宾	11
8	斯洛文尼亚	32	10	希腊	23	10	以色列	10
11	克罗地亚	29	11	斯洛文尼亚	21	11	斯洛文尼亚	8
11	立陶宛	29	12	立陶宛	20	12	立陶宛	7
13	乌克兰	28	13	埃及	19	12	乌克兰	7

续表

排名	国家	100万	排名	国家	1 000万	排名	国家	1亿
14	埃及	26	13	拉脱维亚	19	14	克罗地亚	6
14	以色列	26	13	乌克兰	19	14	希腊	6
14	拉脱维亚	26	16	菲律宾	18	14	卡塔尔	6
17	菲律宾	24	17	克罗地亚	16	17	埃及	5
18	哈萨克斯坦	21	18	哈萨克斯坦	14	17	哈萨克斯坦	5
19	卡塔尔	20	18	卡塔尔	14	19	拉脱维亚	3
19	斯里兰卡	20	20	斯里兰卡	7	20	约旦	2
21	约旦	14	21	约旦	6	21	斯里兰卡	1
22	文莱	6	22	文莱	3	22	孟加拉国	0
23	孟加拉国	0	23	孟加拉国	0	22	文莱	0
23	印度尼西亚	0	23	印度尼西亚	0	22	印度尼西亚	0
23	伊朗	0	23	伊朗	0	22	伊朗	0
23	伊拉克	0	23	伊拉克	0	22	伊拉克	0
23	科威特	0	23	科威特	0	22	科威特	0
23	老挝	0	23	老挝	0	22	老挝	0
23	马来西亚	0	23	马来西亚	0	22	马来西亚	0
23	巴基斯坦	0	23	巴基斯坦	0	22	巴基斯坦	0
23	俄罗斯	0	23	俄罗斯	0	22	俄罗斯	0
23	沙特阿拉伯	0	23	沙特阿拉伯	0	22	沙特阿拉伯	0
23	泰国	0	23	泰国	0	22	泰国	0
23	阿拉伯	0	23	阿拉伯	0	22	阿拉伯	0
23	乌兹别克斯坦	0	23	乌兹别克斯坦	0	22	乌兹别克斯坦	0
23	越南	0	23	越南	0	22	越南	0

表4-10　　　　　不同连接条件下的装备制造业贸易网络的入度

排名	国家	100万	排名	国家	1 000万	排名	国家	1亿
1	中国	21	1	阿拉伯	21	1	波兰	15
1	印度尼西亚	21	2	中国	19	2	捷克	14
1	马来西亚	21	3	印度	18	2	俄罗斯	14
1	阿拉伯	21	3	俄罗斯	18	2	阿拉伯	14
5	埃及	20	5	捷克	17	5	中国	13
5	印度	20	5	波兰	17	6	匈牙利	11
5	俄罗斯	20	5	沙特阿拉伯	17	6	印度	11
5	沙特阿拉伯	20	5	新加坡	17	6	罗马尼亚	11
5	泰国	20	5	泰国	17	9	沙特阿拉伯	10
5	越南	20	10	希腊	16	10	以色列	9
11	捷克	19	10	匈牙利	16	10	斯洛伐克	9
11	希腊	19	10	以色列	16	10	泰国	9
11	以色列	19	10	罗马尼亚	16	13	希腊	8
11	波兰	19	10	斯洛伐克	16	13	斯洛文尼亚	8
11	罗马尼亚	19	10	斯洛文尼亚	16	15	克罗地亚	7
16	匈牙利	18	16	克罗地亚	15	15	埃及	7
16	巴基斯坦	18	16	埃及	15	15	马来西亚	7
16	新加坡	18	16	拉脱维亚	15	15	新加坡	7
19	卡塔尔	17	16	立陶宛	15	15	乌克兰	7
20	克罗地亚	16	20	印度尼西亚	13	20	拉脱维亚	6
20	约旦	16	20	马来西亚	13	20	立陶宛	6
20	立陶宛	16	20	乌克兰	13	20	越南	6
20	斯洛伐克	16	20	越南	13	23	伊拉克	5

续表

排名	国家	100万	排名	国家	1 000万	排名	国家	1亿
20	斯洛文尼亚	16	24	约旦	12	23	哈萨克斯坦	5
20	乌克兰	16	24	哈萨克斯坦	12	23	科威特	5
26	伊拉克	15	24	乌兹别克斯坦	12	26	印度尼西亚	4
26	哈萨克斯坦	15	27	伊拉克	11	26	菲律宾	4
26	科威特	15	28	科威特	10	26	卡塔尔	4
26	拉脱维亚	15	28	巴基斯坦	10	26	乌兹别克斯坦	4
26	菲律宾	15	30	菲律宾	9	30	孟加拉国	3
31	孟加拉国	14	30	卡塔尔	9	30	约旦	3
31	伊朗	14	32	孟加拉国	7	30	斯里兰卡	3
31	乌兹别克斯坦	14	33	伊朗	6	33	文莱	2
34	斯里兰卡	12	34	文莱	4	33	巴基斯坦	2
35	文莱	7	35	斯里兰卡	3	35	伊朗	1
35	老挝	7	36	老挝	2	35	老挝	1

比较3种不同连接条件下的出度和入度，网络的入度平均来看大于出度，说明"一带一路"国家的装备制造业集中在进口，主要原因可能是选取的"一带一路"国家大多为发展中国家，技术水平有待提升，国内装备制造业主要依赖进口其他国家的装备制造业的产品。在3种连接条件下，中国、波兰、印度都是出度排名靠前的国家，说明这3个国家是装备制造业出口较多的国家，可能是由于这3个国家都是发展中国家，大多从事加工等工作。印度、阿拉伯、中国这3个国家在3种连接条件下的入度排名都比较靠前，可能是这3个国家由于人口、产业生产等原因对于装备制造业有较大的需求，因此，其他国家与这3个国家之间的贸易联系比较多。文莱、老挝、斯里兰卡这3个国家在3种连接条件下的入度排名比较靠后的原因可能是这两个国家人口较少，需求较少，因此，它们需要进行装备制造业贸易的国家

数量较少，关系不是很复杂。

4.2 "一带一路"倡议下中国装备制造业国际产能合作影响因素

4.2.1 模型设定

（1）贸易引力模型

在 Tinbergen（1962）、Poyhonen（1963）最早提出的引力模型中，两国间的经济规模越大、距离越小，则两国间的双边贸易额越大。贸易引力模型原型见式（4-11）：

$$T_{ij}=AG_iG_j/D_{ij} \tag{4-11}$$

式中：T_{ij} 表示 i 国与 j 国间的双边贸易额；G_i 表示 i 国经济规模，G_j 表示 j 国经济规模；D_{ij} 表示 i 国与 j 国之间的距离；A 表示常数。

将贸易引力模型原型中解释变量与被解释变量取对数，见式（4-12）：

$$\ln T_{ij}=a_0+a_1\ln G_iG_j+a_2\ln D_{ij}+\mu \tag{4-12}$$

式中：a_0 表示常数项；a_1、a_2 分别表示 T_{ij} 对 G_iG_j 以及 D_{ij} 的弹性；μ 表示随机误差项。

（2）扩展后的贸易引力模型

Linnemann（1966）通过添加人口与贸易政策两个新变量对贸易引力模型进行扩展。本书引入了 6 个指标，实证检验中国与"一带一路"共建国家的装备制造业国际产能合作的各项影响因素。具体贸易引力模型设定见式（4-13）：

$$\ln T_{ijt}=C+a_1\ln GDP_{jt}+a_2\ln I_{jt}+a_3\ln PGNI_{jt}+a_4\ln U_{jt}+a_5\ln D_{jt}+\mu_{jt} \tag{4-13}$$

4.2.2 变量选取

为了促进中国的装备制造业"走出去"，进一步实现国际产能合作，本书将中国对"一带一路"共建国家装备制造业贸易出口额作为被解释变量，以共建国家的经济发展、基础设施建设、劳动力成本、制度环境以及与中国间的地理距离的对应指标作为解释变量。变量符号及含义见表4-11。

表4-11 变量含义

变 量	含 义
T_{ijt}	t年中国向j国的装备制造业出口额
GDP_{jt}	t年j国的国内生产总值 a2
I_{jt}	t年j国通电率 a4
$PGNI_{jt}$	t年j国的人均国民收入 a3
U_{jt}	t年j国的全球治理指数 a5
D_{jt}	t年中国与j国的距离成本 a6

4.2.3 数据来源和处理

鉴于数据的可得性，本书实际选取39国①作为样本，使用2010—2021年的数据进行实证检验。各项数据来源见表4-12。

表4-12 数据来源与说明

数据	数据说明	数据来源
国内生产总值	以美元衡量的国内生产总值	世界银行
通电率	通电率（占人口的百分比）	世界银行
人均GNI（美元）	按购买力平价（PPP）衡量的人均国民总收入（GNI）	世界银行
全球治理指数	由腐败治理、政府有效性、政治稳定性、监管质量、法律和法规、民主平均求得	世界银行
距离成本	与中国间的地理距离	CEPII数据库

———————

① 蒙古国、新加坡、马来西亚、印度尼西亚、泰国、柬埔寨、越南、文莱、菲律宾、伊朗、黎巴嫩、以色列、阿曼、阿联酋、卡塔尔、巴林、希腊、塞浦路斯、埃及、印度、巴基斯坦、孟加拉国、斯里兰卡、尼泊尔、哈萨克斯坦、乌兹别克斯坦、塔吉克斯坦、俄罗斯联邦、白俄罗斯、阿塞拜疆、亚美尼亚、波兰、捷克、匈牙利、斯洛文尼亚、塞尔维亚、阿尔巴尼亚、罗马尼亚、保加利亚。

4.2.4　实证检验

"一带一路"共建国家的经济发展水平不同，各个影响因素所产生的效果也会因这些差异而不同，所以基于以上考虑，本书根据世界银行所划分的收入水平标准而对"一带一路"共建国家进行分类，划分为相对高收入国家和相对低收入国家，对不同收入水平的国家分别进行实证检验。本书选取的数据是2010—2021年共12年的数据。为了防止共线性的出现，本书利用方差膨胀因子对模型进行检验，发现方差膨胀因子的最大值小于10，证明本书构建的模型不存在显著的共线性问题。由于本书使用的数据年限较长，样本之间可能存在异方差、自相关等问题，因此，本书采用可行的广义最小二乘法对模型进行回归。

4.2.5　结果分析

（1）"一带一路"国家全样本回归结果分析

表4-13统计了"一带一路"国家全样本回归结果，变量$\ln GDP_{jt}$和$\ln PGNI_{jt}$的回归结果为正，说明"一带一路"共建国家经济规模的扩大与人均收入的提高有利于中国与其之间装备制造业的国际产能合作的扩大。变量$\ln I_{jt}$为正，说明"一带一路"国家基础设施越完备，则这个国家与中国的产能合作就会越密切，在一定程度上推动双边的合作发展。$\ln U_{jt}$的回归结果为正，说明"一带一路"共建国家治理能力的提升有利于中国与其进行国际产能合作。变量$\ln D_{jt}$显著为负，说明中国与"一带一路"共建国家的地理距离过大，不利于双方开展产能合作。

表4-13　　　　　　　"一带一路"国家全样本回归结果

解释变量	回归系数	标准差
$\ln GDP_{jt}$	1.053***	0.044
$\ln PGNI_{jt}$	0.037	0.117

续表

解释变量	回归系数	标准差
lnI_{jt}	0.275	0.294
lnU_{jt}	0.165*	0.098
lnD_{jt}	−1.208***	0.187
Wald chi2	986.15	
Prob > chi2	0.000	
样本量	468	

注：***、**、*分别表示在0.01、0.05、0.1的置信区间显著。

（2）"一带一路"国家分收入水平回归结果分析

对"一带一路"共建国家按照相对高收入水平和相对低收入水平分别进行实证检验，结果见表4-14。可以看出：

首先，不同收入水平的国家 $lnGDP_{jt}$ 和 lnU_{jt} 的回归系数为正，lnD_{jt} 的回归系数为负，与全样本结论一致，说明在不同收入水平的"一带一路"共建国家中，国内生产总值的提升与治理能力的完善均有利于中国与其进行产能合作，但是较远的地理距离不利于开展双边产能合作。

其次，低收入国家 $lnPGNI_{jt}$ 的回归结果为正，与全样本结论一致，但是在高收入国家中，$lnPGNI_{jt}$ 的回归结果为负，原因可能是高收入国家人均国民收入的迅速提升会增加产能合作的成本，不利于开展国际产能合作。

最后，低收入国家 lnI_{jt} 的回归结果为正，与全样本结论一致，但是高收入国家 lnI_{jt} 的回归结果为负，原因可能是高收入国家已经具有较为完善的基础设施，对基础设施建设的过度投入反而会挤占原本用于研发、运营等活动的资金，对中国与其开展国际产能合作起负面影响。

表4-14   **"一带一路"国家分收入水平回归结果**

解释变量	高收入国家		低收入国家	
	回归系数	标准差	回归系数	标准差
$lnGDP_{jt}$	1.315***	0.110	0.968***	0.030
$lnPGNI_{jt}$	−0.497*	0.259	0.285***	0.104
lnI_{jt}	−48.118	387.198	0.124	0.282
lnU_{jt}	0.865**	0.424	0.015	0.093
lnD_{jt}	−1.594*	0.964	−1.440***	0.131
Wald chi2	337.10		1 618.68	
Prob > chi2	0.000		0.000	
样本量	156		312	

注：***、**、*分别表示在0.01、0.05、0.1的置信区间显著。

资料来源：根据Stata 16输出结果整理。

第三篇　机制分析部分

第5章 "一带一路"倡议下中国装备制造业产能合作的机制构建

研究中国装备制造业产能合作机制，有利于从宏观和微观两个维度分析中国与"一带一路"共建国家装备制造业合作的路径。本章阐述支撑中国与"一带一路"共建国家开展装备制造业产能合作的动力机制、运行机制以及达成合作之后的协调机制，总结"一带一路"共建国家装备制造业合作机制的演化历程。

5.1 动力机制

中国装备制造业产能合作的动力机制由两个因素组成，即内生动力和外生动力。这些因素相互联系、相互作用，共同构成了中国装备制造业产能合作的动力机制（如图5-1所示）。

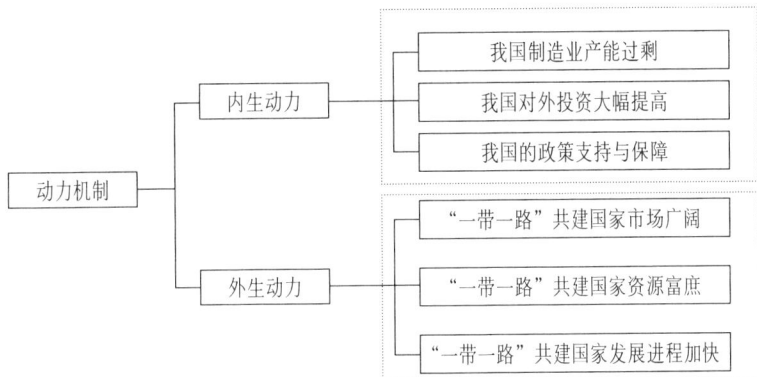

图 5-1　"一带一路"倡议下中国装备制造业产能合作的动力机制

5.1.1　内生动力

中国装备制造业产能合作的内生动力包括中国制造业产能过剩、中国对外直接投资大幅提高以及中国的政策支持与保障。

（1）中国制造业产能过剩是中国装备制造业产能合作的内生动力

作为全球第一大装备制造业大国，中国装备制造业贸易规模庞大，规模比重不断扩大，稳居世界第一，且产业分布领域广泛。涉及的行业包括钢铁、铁路、有色、建材、电力、通信、轻纺、汽车、工程机械和航空等，体现了中国制造能力强和技术水平高的行业优势。根据国家统计局公布的数据，2020年我国装备制造业主营业务收入达到39.92万亿元，同比增长4.89%，增速较2019年有所上升。2020年虽受新冠肺炎疫情影响，但自2020年下半年以来，装备制造业持续向好态势尤为明显，总体规模不断扩大。分行业来看，2016—2020年，中国金属制品业营业收入先下降后逐年上升，总体规模在30 000亿元以上。2017年以来，金属制品业营业收入增速逐年回升。2020年，中国金属制品业营业收入达到36 814.1亿元，同比增长7.26%，增速较2019年有所提升。2016—2020年，中国通用设备制造业营业收入呈现先下降后逐年回升的发展态势，整体规模在35 000亿元以上水平。2017年以来，通用设备制造业营业收入逐年增加。2020年，中国通用设备制造业营业收入达到40 065.7亿元，同比增长4.71%。2016—2020年，中国专用设备制造业营业收入自2017年大幅下降后开始恢复增长。2020年，我国专用设备制造业营业收入规模达到32 726.5亿元，同比增长11.04%。2016—2020年，中国铁路、船舶、航空航天和其他运输设备制造业营业规模先下降后小幅回升，整体在1万亿元以上水平波动发展。2020年，铁路、船舶、航空航天和其他运输设备制造业营业收入达到11 465.8亿元，同比增长1.69%。2020年，我国电气机械和器材制造业营业收入为67 831.7亿元，同比增长3.66%。2020年，我国计算机、通信和其他电子设备制造业营业收入达到120 992.1亿元，同比增长6.4%。目前，中国高铁、核电等多个领域的装备制造业企业已经获得了国际市场认可，具有较高的知名度。中国装备制造业企业不论在质量、价格方面，还是在总承包工期、后期维保服务方面，都具有非常明显的竞争优势，性价比较高。总之，中国装备制造业目前已经具备了产能合作的雄厚实力和行业优势。

中国装备制造业生产能力大幅提升，但是自从全球金融危机发生以后，由于国内外需求疲软、贸易大幅度下滑，中国装备制造业产能过剩现象越发严重，已经成为影响中国经济发展的一个长期困扰因素。《装备制造业蓝皮书：中国装备制造业发展报告（2021）》指出，2020年，中国装备制造业资产规模累计达到41.29万亿元，而相关企业利润总额为2.33万亿元。由此可见，中国的装备制造业的产能过剩问题十分严重。但由于目前中国产能过剩的产业涉及面广，不能简单地关停，而中国传统出口目的国市场也已接近饱和，因此，将过剩的产能转移到其他国家和地区就成了必然之选，而"一带一路"正是解决中国装备制造业产能过剩问题的有效渠道。目前，中国化解结构性产能过剩问题主要通过两种方式：一是改变供给侧，即加快供给侧结构性改革的进程，推动企业进行资源优化分配和产业升级，以增加产品匹配度并减少产能过剩。二是刺激需求侧，即全面开拓潜在市场，以吸收中国制造业的过剩产能。中国"一带一路"倡议的推行，就是一项刺激中国装备制造业需求侧的重大措施，可以将中国的优势产能与共建国家的市场需求相匹配，通过出口产品化解中国过剩产能，这样在解决中国的产能过剩问题的同时，大大促进了共建国家的经济发展。

（2）中国对外直接投资大幅提高是中国装备制造业产能合作的内在动因

中国对外投资存量和对外投资流量都位居世界领先地位，而其中的制造业对外投资也呈现不断增长的趋势，为中国装备制造业产能合作提供了丰富的资金基础。《2021年度中国对外直接投资统计公报》指出，自20世纪90年代以来，中国对外投资（包括中国对外投资流量和中国对外投资存量）都呈现高速增长的趋势。1990年，中国对外投资流量仅为9亿美元，而2021年中国对外直接投资流量增长到了1 788.2亿美元，在全球占比达到10.5%，稳居全球第三位。20世纪90年代末，中国对外直接投资存量为200多亿美元，而2021年中国对外直接投资存量高达27 851.5亿美元，占全球比重为6.7%，位居全球第二位。《2021年度中国对外直接投资统计公报》指出，制造业的投资额为268.7亿美元，比上年增长4%，占流量总额的15%，投资主要流向汽车制造业、计算机/通信和其他电子设备制造业、金属制品业、专用设备制造业、有色金属冶炼和压延加工业、化学原料和化学制品业、医药制造业、其他制造业、橡胶和塑料制品业、电气机械和器材制造业、纺织业、造纸和纸制品业、通用设备制造业、非金属矿物制品业、食品制造业、化学纤维制造业、铁路/船舶/航空航天和其他运输设备制造业、黑色金属冶炼和压延加工业、家具制造业等，其中流向装备制造业的投资额为141.2亿美元，增长18.7%，占制造业投资的52.5%。

中国对"一带一路"共建国家的对外直接投资增长势头迅猛。中国对"一带一路"共建国家的直接投资流量大幅增长。2021年，中国对"一带一路"共建国家直接投资241.5亿美元，创历史新高，占中国全年对外投资流量总额的 13.5%；年末存量为 2 138.4 亿美元，占存量总额的 7.7%。2022 年，我国企业在"一带一路"共建国家非金融类直接投资 1 410.5 亿元人民币，较上年增长 7.7%（折合 209.7 亿美元，增长 3.3%），占同期总额的 17.9%，与上年同期持平，主要投向新加坡、印度尼西亚、马来西亚、泰国、越南、巴基斯坦、阿拉伯联合酋长国、柬埔寨、塞尔维亚和孟加拉国等国家。对外承包工程方面，我国企业在"一带一路"共建国家新签对外承包工程项目合同 5 514 份，新签合同额 8 718.4 亿元人民币，增长 0.8%（折合 1 296.2 亿美元，下降 3.3%），占同期我国对外承包工程新签合同额的 51.2%；完成营业额 5 713.1 亿元人民币，下降 1.3%（折合 849.4 亿美元，下降 5.3%），占同期总额的 54.8%。

（3）中国的政策支持和保障是中国装备制造业产能合作的内在动力

总体看来，中国装备制造业面临着宏观和微观两个方面的政策支持和保障。从宏观政策上看，中国政府出台了一系列的政策，为中国装备制造业产能合作的顺利实施奠定了坚实的政策基础，其中包括 2006 年 2 月的《国务院关于加快振兴装备制造业的若干意见》、2009 年 5 月的《装备制造业调整和振兴规划》，2012 年 5 月 7 日的《高端装备制造业"十二五"发展规划纲要》，2015 年 5 月的《中国制造 2025》，2015 年 3 月的《推动共建丝绸之路经济带和 21 世纪海上丝绸之路的愿景与行动》，2015 年 5 月的《关于推进国际产能合作和装备制造业的指导意见》，2016 年 11 月的《"十三五"国家战略性新兴产业发展规划》，2017 年 10 月的《高端智能在制造行动计划（2018—2020 年）》，2017 年 11 月的《关于深化"互联网+先进制造业"发展工业互联网的指导意见》，2018 年 1 月的《装备制造业绿色制造行动计划》，2018 年 7 月的《工业和信息化部关于实施工业强基工程加快推进高质量发展的指导意见》，2019 年 1 月的《关于加快发展数字化装备制造业的指导意见》，2019 年 4 月的《新一代信息技术与制造业融合创新发展战略》，2019 年 6 月的《装备制造业高质量发展行动计划》、2020年6月的《关于加快推进装备制造业智能化改造的指导意见》、2022年3月的《先进装备制造业高质量发展三年行动计划（2022—2024年）》等文件；从微观政策上看，中国政府制定了具体的装备制造业发展措施，包括构建区域装备制造业一体化发展平台的决定、新兴设备制造业税收减免的政策、建立全国十大重机工业园集群发展的决定、区域通信产业集群化发展战略的政策、重化工业设备向区域扩散和分流的政策等。装备制造业只要紧紧抓住这一政策优势，就能顺利地推进与共建国家的产能合作。

5.1.2　外生动力

中国装备制造业产能合作的外生动力包括"一带一路"共建国家市场广阔、"一带一路"共建国家资源富庶和"一带一路"共建国家发展进程加快。

（1）"一带一路"共建国家市场广阔是中国装备制造业产能合作的外生动力

"一带一路"共建国家庞大的人口基数、逐步扩大的产品需求量，为中国制造业产品出口提供了广阔的市场。"一带一路"共建国家人口众多，总人口近45亿。

"一带一路"共建国家落后的基础设施建设状况，为中国与各共建国家的产能合作提供了巨大的市场空间。根据亚洲开发银行统计数据，2020年，"一带一路"共建国家的基础设施需求都将持续增长，基础建设资金缺口较大。目前，"一带一路"建设大部分国家基础设施发展极不平衡，除了少量国家（越南、印度、卡塔尔、蒙古国），大部分国家的固定资本占GDP比重均不足30%，可见，未来这些国家的固定资本将快速增长。在中亚和东盟国家中，只有新加坡工业化程度较高，其他国家的工业化程度都较低，基础设施建设也比较薄弱，因此，这些国家在很长一段时间内都会对风电、太阳能等能源项目和公路、铁路、港口、机场等基础设施的需求量保持持续稳定增长。

（2）"一带一路"共建国家资源富庶是中国装备制造业产能合作的外在动因

共建国家有充足的劳动力和自然资源，产能合作潜力巨大。"一带一路"共建国家人口基数大，人口自然增长率较高，因此有充足的劳动力供给，拥有明显的加工生产成本优势，有利于装备制造业的项目开展。再加上共建国家矿产、石油、天然气及稀缺资源丰富，能与中国实现优势互补，为国际产能合作奠定了充足的资源基础。

"一带一路"共建国家资源优势各异，投资潜力巨大。有的国家具备丰富的矿产资源，有的国家具有突出的能源优势。

首先，在矿产资源方面，"一带一路"共建国家重要固定资源包括铜、金、镍、铝土矿、铁矿石、锡、钾盐等，且这些矿产资源均在全球占有重要地位。其中，铜资源储量占世界储量的32.3%；金资源储量占26.1%；镍资源储量为23.4%；铝土矿资源储量为18.9%；铁矿石资源储量为35.7%；锡资源储量为63.9%；钾盐资源储量为69.8%。更重要的是，这些矿产资源均为中国较为紧缺的战略性大宗矿产，与沿途赋存矿石的国家开展这些重要固体矿产资源的勘察等方面的合作，对缓解中国相应矿产品紧缺局面具有重要意义。

其次，在石油资源方面，截至2023年1月1日，全球探明石油储量总计达17 570亿桶，高于2022年同期的17 350亿桶。2022年，全球石油储量排名前十位中"一带一路"国家有沙特阿拉伯、伊朗、伊拉克、科威特、阿联酋、俄罗斯。

最后，在天然气方面，"一带一路"共建国家的天然气储量也相当丰富，全球天然气已探明储量排名前四的"一带一路"国家依次是俄罗斯、伊朗、卡塔尔、土库曼斯坦，根据《BP世界能源统计年鉴2021》数据，2020年，全球天然气储量的前四强分别为俄罗斯（19.88%）、伊朗（17.07%）、卡塔尔（13.13%）和土库曼斯坦（7.23%）。这些国家积极参与中国"一带一路"建设，能够刺激他们的发展潜力，帮助它们走出资源丰富但经济发展缓慢的困境，将资源潜力转换为经济起飞的推动力量。

（3）"一带一路"共建国家发展进程加快是中国装备制造业产能合作的外在动力

"一带一路"共建国家高速稳定的经济增长，有利于促进中国与共建国家的贸易往来，进而推进中国装备制造业产能合作的发展。

首先，"一带一路"周边国家因与中国地理位置相近，为中国与共建国家的经贸往来提供了极大的便利条件。

其次，"一带一路"共建国家包含大量的欠发达国家和地区，这些国家大多处于工业化发展的初级阶段，发展进程滞后且发展潜力巨大。这些国家的基础设施建设需求巨大，但由于缺乏相应的资金支持和技术援助而发展进度缓慢，而中国企业不论是在资金方面还是在技术方面，都是"一带一路"共建国家的主要支持者，可以为这些国家提供相应的资金和技术支持。

最后，自全球金融危机后，共建国家的经济发展正在复苏，增长速度正在稳步提升，这些国家的发展进程加快为中国装备制造业产能合作提供了经济基础。

5.2 运行机制

推进"一带一路"建设，既要发挥政府的统筹协调作用，又要引导更多的社会力量投入"一带一路"建设，形成政府主导、企业参与、社会促进的合作模式，不仅要在国际产能合作中发挥政府的引导作用，推动项目的落实和政策的协商，还要发挥企业的主体作用，实行本土化的经营，加上社会团体的促进作用，只有促进三者的良性互动，才能保证国际产能合作的顺利实施（如图5-2所示）。

5.2.1 充分发挥政府的引导作用

"一带一路"产能合作要充分发挥政府的引导作用，换言之就是要构建政府部门的服务体系。此体系由四个部分构成：法律支撑体系、信息传达体系、风险防范体系和金融保障体系。

```
                              ┌─────────────────────────┐
                              │ 构建完备的法律支撑体系  │
                              ├─────────────────────────┤
                    ┌─────────┤ 构建高效的信息传达体系  │
          ┌─发挥政府的引导作用─┤ 构建良好的风险防范体系  │
          │                   │ 构建完善的金融保障体系  │
          │                   └─────────────────────────┘
          │                   ┌─────────────────────────┐
          │                   │ 优化国际产能合作路径    │
┌──────┐  │                   ├─────────────────────────┤
│运行机制├──┼─发挥企业的主体作用─┤ 树立产能合作指导原则    │
└──────┘  │                   │ 探索多元化的合作方式    │
          │                   │ 积极履行社会责任        │
          │                   └─────────────────────────┘
          │                   ┌───────────────────────────┐
          │                   │ 新闻媒体向外塑造中国正面形象│
          │                   ├───────────────────────────┤
          └─发挥社会团体的促进作用─┤ 社会组织和人民团体增强沟通│
                              │ 高等学校与共建国家加强交流  │
                              │ 智库积极为产能合作建言献策  │
                              │ 公众个人积极发展对外关系    │
                              └───────────────────────────┘
```

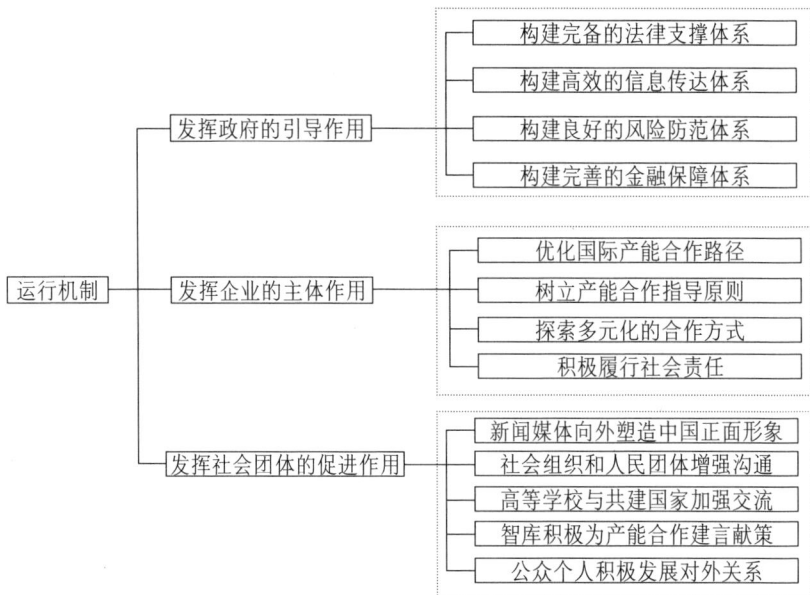

图5-2 "一带一路"倡议下中国装备制造业产能合作的运行机制

（1）法律支撑体系

政府应构建完备的法律支撑体系，为企业在国际产能合作中创造一个公正开放的经营环境。目前，中国企业在海外的投资主要参照政府部门的政策，但是中国政府还没有形成一套完整的法律体系，来引导企业的海外投资活动。立法的不完善对装备制造业的国际产能合作造成了很多不利的影响，使得企业在国际合作中既缺乏科学的引导和及时的监管，也得不到足够的经营支持和保护。当前"一带一路"下的国际产能合作较多依靠政府来承揽项目和订单，而这很大程度上依赖政府与共建国家间的良好政治及经贸关系和政府的国际外交平台的建设情况。目前的合作情况是，协议多数以合作意向书为主，真正实现合作的具体投资项目并不多，再加上一些人力不可抗拒的因素也干扰了项目的顺利实施，如东道国的政权更迭及他国的干预，这些阻碍因素使得中国企业的境外投资存在较大的风险，也是中国中小企业不愿意参与国际产能合作的重要原因之一。因此，国际产能合作机制建设的首要工作就是构建完备的法律支持体系，制定规范的规章制度，形成长效且有效的约束机制。国家应抓紧制定相关法律和法规，完善相关的法律体系，对中国企业"走出去"开展国际产能合作中涉及的投资主体、投资形式、审批程序、融资政策、职能监管、争端解决以及资产保护等作出明确规定，确保企业在国际产能合作中有法可依，更好地加快中国制造业企业参与国际产能合作的步伐。

（2）信息传达体系

政府应构建高效的信息传达体系，以帮助企业在国际产能合作中获得及时有效的信息。国际产能合作是投资国和被投资国双方共同发展的合作模式，它应该由政府来进行引导。政府要发挥引导与推动作用，促进中国装备制造业企业与"一带一路"建设中产能匹配度高、条件优越的发展中国家开展合作。一方面，政府要构建一个公开透明的信息情报网络体系，做好项目对接工作，最大化地减少由信息不对称带来的投资风险问题。政府需要整合各方面信息情报，并定期在网站上发布产能合作项目的调查报告和供求信息。换言之，政府不仅要科学调查和评估中国制造业的产能规模和行业结构，获得可供给共建国家的产能规模与结构数据，还要及时获得国际社会对中国产能合作的需求规模与结构，并调查这些产能合作需要政府给予哪些具体的支持。另一方面，中国政府要联合非政府部门和机构，共同为企业的项目开展提供服务。中国政府应与各国驻外新闻机构、商会、协会等非政府组织及中介机构积极沟通和协调，及时获得所在国家的重大项目的情报信息，协助国内有关部门和企业积极跟进项目，及时协助双方建立项目对接与合作磋商，并协助解决中国公司在项目实施中遇到的各种实际困难。

（3）风险防范体系

政府应构建良好的风险防范体系，以减少企业在国际产能合作中产生的损失。当前与中国开展国际产能合作的区域大多为经济欠发达国家，政治环境复杂，经济系统落后，社会环境与中国有较大差异，由此带来巨大的投资风险。国际投资风险既来自企业内在的运营管理机制，也来自外在的客观国际环境。政府对于风险防范要区别对待，重点关注的风险是能够通过制度改革而降低的信息不对称风险。因此，政府应构建良好的风险防范体系，要按照"风险评估—风险识别—风险处置"的思路进行设计。

第一，政府要全面调查影响国际产能合作的宏观和微观环境。宏观环境包括东道国的政治、经济、文化等，而微观环境包括企业、市场和竞争者等，将这些信息进行综合，建立一个科学的数据库。

第二，政府应根据不同的国际产能合作的项目及模式，识别不同项目可能产生的风险和风险严重程度。

第三，政府应根据投资国的涉及产能合作的法律、法规和技术规定来制定不同的风险防范措施，在掌握投资国的国情变化和市场信息的同时，为海外企业提供及时、准确的国际市场信息和风险防范预警。

同时，针对事先没有预料到的突发风险，还应该建立国际产能合作的"处置机制"。另外，政府需要完善国际产能合作保险体系，包括充分利用现有国际和国内的投资担保机构，最大限度地抵御国际产能合作中可能遇到的风险。换言之，政府要建立"四位一体"模式（即企业、保险、银行、政府）的风险共担模式，全方位地对产能合作中的风险予以补偿，推进国内外社会保险的对接，增强对海外企业人员的人身和财产保障。

（4）金融保障体系

政府应构建完善的金融保障体系，以帮助企业解决在国际产能合作中的融资问题。身处海外的中国企业的融资困难来源于四个方面的原因：

第一，由于国内银行的全球授信体系不完善，中国企业的境外公司很难获得国内银行的信贷支持，境外子公司也很难利用母公司的担保来申请贷款。

第二，由于"一带一路"国家整体上金融市场发展不充分，资本市场发展水平较低，中国企业的境外公司很难获得所在国的信贷支持。

第三，"一带一路"国家主权不稳定，信用风险评级普遍偏低，这使得企业在当地的融资成本普遍偏高，难以支持其长期发展需求。

第四，"一带一路"国家缺少完善的投融资保护机制，缺乏金融监管机制，货币波动较大，这使得企业融资信心不足。针对目前"一带一路"融资难的情况，中国政府应大力推动企业与共建国家及国际融资机构的广泛合作，建立多渠道（国内金融机构和国际金融组织）、多方式（各种类型的基金、贷款、债券融资）和多层面（国家层面援助资金、政策性的资金供给、商业性的资金）的投融资体系，为"一带一路"产能合作提供资金保障。

首先，拓展融资渠道，鼓励国内融资机构与国际金融组织共同合作，提供多样化的金融服务，为中国制造业产能合作提供资金支持。

其次，丰富融资方式，充分利用基金、贷款、债券等方式，拓展资金来源。

再次，拓展融资层面，政府与东道国政府共同合作，为境外企业提供国家层面的援助资金和政策性资助。

最后，丰富投融资形式，允许企业利用境外资产、股权作抵押，为其在国内的贷款提供担保。

5.2.2 充分发挥企业的主体作用

（1）企业要优化国际产能合作实现路径，推动产能合作发展

第一，需要加强企业国际化经营能力，培养世界级的跨国公司，成为其他企业"走出去"的示范与榜样。国企在实施"一带一路"产能合作中处于领头羊地位，责任重大，需要在以下方面不断提升自己：

首先，树立大局意识，既考虑局部，又考虑整体，在产能合作中要结合自身优势，充分了解共建国家的经济和行业发展战略，有效率地开展产能合作。

其次，带动群体，加强与东道国企业的合作力度，加快形成战略同盟，充分利用国家战略、企业优势和当地社会资源，同时促进国企与民营企业实现深度合作和优势互补。

第二，采取"国企先行，带动民营配套企业走出去"的路径，逐步形成产业的集聚效应。在进行产能合作的过程中，各国合作领域主要集中在装备制造业部门，而在这些部门中最具国际竞争力的企业就是国有企业。因此，在未来的国际产能合作中，国有企业应该继续发挥其主导作用，并利用其资金多、规模大、管理强的优点，与民营企业共同合作，拓展国际产能合作的地域范围。在推动国际产能合作方面，应为民营企业与国有企业提供政策优惠，从而更好地促进二者的国际产能合作进程。

第三，企业在开展合作之前，要对东道国的投资环境进行仔细的分析和评估，尽可能地减少投资风险。中国企业在开展国际产能合作时，不能盲目地进行海外投资和建厂，而要结合风险评估和成本管理，综合考虑是否应进行产能出口。中国企业只有不断完善国际产能合作体系，才能实现各共建国家互利互惠和合作共赢。

（2）企业应树立贯穿始终的产能合作指导原则，有效指导产能合作的开展

第一，企业应树立增强核心竞争力，促进产业结构升级的指导原则。企业作为产能合作的主体，不应仅仅关注于转移自己的富余产能，而应当在输出产能的同时，更关注于促进共建国家的技术创新和产业升级，并通过不断创新、产业转型，改善之前单一的经济结构，形成以技术产业为主导的新型经济结构。一方面，企业要确定技术升级引领者的自我定位，成立技术中心，不断加大研发投入，充分发挥科技带动生产力的作用。另一方面，企业要加快技术成果转化为生产力的速度，提高产品的附加值，实现装备制造业的产业升级。

第二，企业应树立把"走出去"与"引进来"相结合的指导原则。企业应不仅要"走出去"，输出过剩的产能和资本，还要"引进来"，引进先进的设备、人才、资金和技术。企业的"引进来"不应该仅仅是单纯地引进外资和承揽国外工程项目，而是要通过"引进来"吸收外资、前沿的技术及管理理念，提高企业的技术与管理水平，以促进中国的经济发展。企业要通过引进和消化技术，培育"走出去"的能力，优化国际产能合作的领域和方式。企业不仅要通过"引进来"，扩大利用外资的规模，提高利用外资的质量，还要通过"引进来"，解决我们国内重要资源缺乏、国际市场开拓不足的问题。在引进技术的同时，企业要注重培养与引进并重，努力造就懂技术、会交流的国际化复合型人才队伍，加大海内外高层次人才引进力度，为建设创新型境外企业和园区提供强有力的人才支撑。

（3）企业应探索多元化的合作方式，灵活推进国际产能合作

第一，企业应大力推进产业园区的建设。"一带一路"建设布局的境外产业园区，拥有相对优势，如良好的基础设施以及行之有效的政府政策。若充分发挥这些优势，则能够充分吸收园区周边的要素资源，加速要素聚集，促进区域经济发展；同时，园区高密度聚集的产业和高频率流动的要素，能够带动和辐射周边地区的经济发展。尤其在发展缓慢的中亚、南亚地区，辐射效应会更加显著，这能够弥补"一带一路"的"凹陷区"，实现区域经济的平衡增长。

第二，企业要在不违反共建国家利益的基础上，依照国际惯例和商业原则，灵活运用多种方式，包括BOT（建设–经营–转让）、PPP（公共私营合作制）、EPC（工程总承包）等模式，实现优势产能与国外市场需求的有效对接。企业可以通过这些先进的投资方式，加强与政府等部门的合作，从而分散经营风险，实现共同受益。

第三，中小企业可以通过组建战略联盟、协会等方式，共享信息，抱团发展。由于中小企业势单力薄，而产能合作风险高、资金需求量大，因此，抱团发展有利于分散风险，提高合作效率。

（4）企业应该积极履行产能合作过程中的社会责任，促进本土化运营的顺利进行

第一，企业应遵守东道国的法律和法规。在产品质量、环境保护、劳工保护和消费者权益等方面，"一带一路"共建国家存在较大的差异，因此，企业应该提前熟悉当地的政治经济制度，避免触犯当地法律，引起不必要的纠纷。

第二，企业应因地制宜，了解当地实际需求和关注点，加强与东道国的沟通。中国与"一带一路"共建国家在宗教文化、风俗习惯、政策法规方面的差距都较大，在产能合作中容易产生摩擦和风险。中国企业如果仅仅关注于经营，而忽视了当地的社会和文化差异，很有可能导致居民的误解，给企业的经营带来困扰，也会影响企业的声誉和形象。因此，中国企业应改善与当地员工、政府、社区和居民之间的关系，在共建国家人民中形成一个相互欣赏、理解、尊重的人文格局，加强不同文化之间的沟通理解，使企业能顺利开展经贸合作。

第三，企业注重"绿色可持续"发展，在产能合作过程中，应减少对当地的污染。在追求经济利益的过程中，企业应遵守当地法律和法规，建立完善的绿色管理体系，在保护环境的同时，尽可能地规避生态风险，做到不触犯"一带一路"国家的法律底线，且充分考虑当地发展的可持续性。

5.2.3 充分发挥社会团体的促进作用

"一带一路"产能合作要充分发挥社会的作用。社会团体由于其具有非营利性的特点，容易获得域内外公众和群体的好感，因此，便于与"一带一路"各国的不同利益群体进行沟通和交流，因而是"一带一路"产能合作的主要依靠力量。"一带一路"的社会团体主要包括新闻媒体、社会组织和人民团体、高等学校、智库以及个人等。

第一，新闻媒体应向外塑造中国正面形象，为产能合作营造有利的舆论环境。新闻媒体是一国对外信息传播和塑造国际舆论的重要工具。中国的新闻媒体包括各类报社、电视台和电台等媒体。这些主流媒体肩负着向世界介绍中国、塑造中国良好形象以及传达中国对外战略的重大使命。"一带一路"产能合作的实施需要新闻媒体向"一带一路"域内外国家阐明"一带一路"倡议的意义、进度和成果，国内外群众对"一带一路"倡议的了解影响其对"一带一路"倡议的社会态度和行为习惯。

第二，社会组织和人民团体应积极增强沟通，互通有无，为产能合作奠定良好的信息基础。随着冷战后社会组织和人民团体在国际交往和全球治理中作用的日益增长，越来越多的社会组织和人民团体通过多种形式对外传递信息，影响社会舆论和政府决策。社会组织和人民团体具有公共性和独立性的特点，因此，更容易得到公众的认可，也更容易影响社会的舆论和公众的想法，甚至可以对其他国家的政策造成影响。因此，社会组织和人民团体作为一股强大的社会力量，也将是"一带一路"产能合作不可或缺的重要力量。它不仅可以加强与"一带一路"域内外国家公众的沟通对话，还可以塑造良好的中国国家形象，并引导社会舆论和政府决策。"一带一路"涉及的社会组织和人民团体主要是从事对外经贸往来与民间友好交流事业的团体，要发挥其在"一带一路"产能合作中的重要作用，以增进本国与他国人民的感情、促进相互间关系的持续发展，最终成为推动"一带一路"平稳发展的动力。

第三，高等学校应通过与共建国家加强学术交流与合作，为产能合作做好人才储备。高等学校承载着教育与学术领域的科学研究、学术交流和人才培养的重大任务，不仅可以通过学术研讨会来加强与国际学术界之间的交流与合作，还可通过交换留学生来为双方国家培养人才精英，尤其是在产能合作的人才培养和科学研究方面，高等学校可充分利用其资源优势开展产能合作的教学和研究，为产能合作的发展培养各类所需专业人才，并提供科学的理论和实践指导。开展和实施"一带一路"产能合作迫切需要高等学校的大力参与，作为加强"一带一路"在产能合作的人才培养和科学研究的中坚力量。

第四，智库应该积极发挥作用，为产能合作的顺利开展建言献策。智库是不受政府主导的政策研究组织，它能够凭借它的智力优势为政府提供政策建议和决策支持。智库通常由社会各界的精英组成，主要目的是通过科学研究为政府政策提供意见，因而在产能合作中发挥独特而重要的作用。而随着中国智库数量的增加以及国际影响力的提升，中国智库的作用也日益凸显。美国宾夕法尼亚大学智库研究项目（TTCSP）研究编写的《全球智库报告2020》显示，2020年，中国智库数量已达到1 413家；在数量上，美国和中国分别位于第一和第二，印度紧随其后，位于世界第三。开展和实施"一带一路"需要充分利用好中国的智库资源，发挥其在影响国内外社会舆论的重要作用以及为政府提供政策咨询方面的独特功能。

第五，公众个人应积极发展对外关系，为产能合作奠定群众基础。由于其中立性和亲和力的特点，公众个人更容易获得他国公众的信任，因此，建议那些能够经常接触他国人民群体的公众个人（包括社会精英、海外侨胞和族裔群体、出国人员、高校教师、大学生等）通过各自的方法和形式向他国公众传达本国的"一带一路"发展情况。改革开放以来，中国与世界的联系日益密切，国家移民管理局数据显示，2022年，中国出入境人员达1.157亿人次。中国公民的身份正朝向"世界公民"的身份转变，这无疑为中国开展国际产能合作奠定了坚实的群众基础。开展和实施"一带一路"产能合作需要充分发挥公众个人的巨大力量，向域内外国家公众传播好"一带一路"的中国故事。

5.3　协调机制

中国应建立与"一带一路"共建国家多层次的协调机制。这一协调机制不仅包括中国与沿线各国投资、贸易等方面的经济政策，还包括中国与各共建国家相关政府部门、企业之间的业务协调等。建立中国装备制造业国际产能合作协调机制主要围绕三个方面展开：政府成立专门领导小组、企业构建合作联盟和社会成立行业和民间协会（如图5-3所示）。

5.3.1 推动成立"一带一路"国际产能合作专门领导小组

在政府层面，应尽快推动成立"一带一路"国际产能合作专门领导小组，统一协调各国国际产能合作专门领导小组的工作对接。由于"一带一路"共建国家在项目政策、行业标准和环境制度等方面存在巨大差异，且"一带一路"国际产能合作涉及范围广，关系到不同国家的财政、环境、安全等多方面的调控，所以只有政府部门建立统一的领导小组才能推动产能合作的顺利开展。政府需要从国家层面建立起"一带一路"国际产能合作专门指导团队，以搭建国际的交流平台。

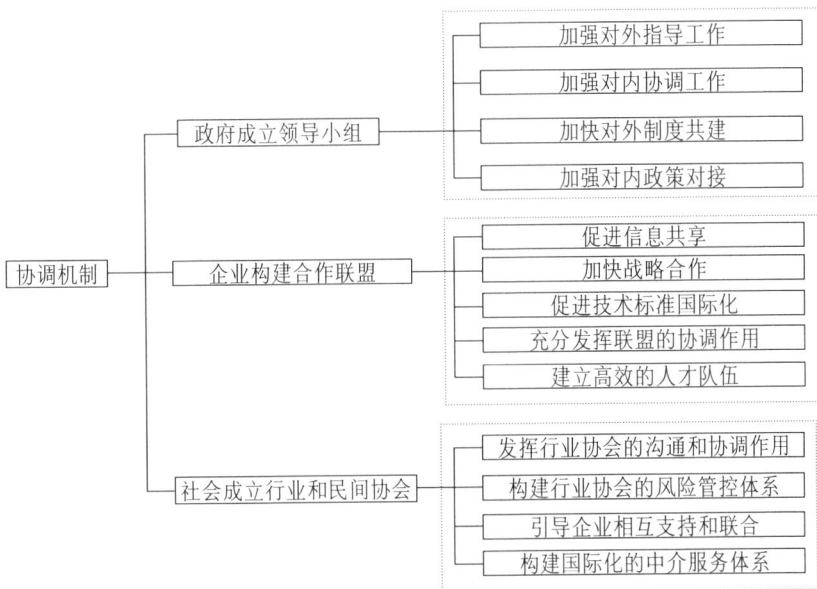

图 5-3 "一带一路"倡议下中国装备制造业产能合作的协调机制

第一，对外方面，中国"一带一路"国际产能合作专门指导团队应该结合中国与共建国家的实际情况，参照国际产能合作的具体要求，加强对共建国家的指导工作。具体措施包括完成中国的制造业剩余产能和"一带一路"国家产能合作的需求供给图、与共建国家搭建"一带一路"国际产能合作的指导团队、科学制定"一带一路"国际产能合作的时间规划以及调配"一带一路"国际产能合作工业园区任务等，主要目的是为共建国家的国际产能合作提供支持，从而有效地对中国国际产能合作提供指导。

第二，对内方面，中国"一带一路"国际产能合作专门领导小组应该及时了解"一带一路"的具体需求，根据中国的实际情况，统一调配各方资源，加强对内的协调工作。具体措施包括将具体需求划分到中央政府、地方政府、企业、行业协会等主体，落实每一项具体任务，协调各主体之间的职能，为企业国际产能合作项目提供全方位的支持。同时，中国政府应以中国成立的"一带一路"国际产能合作专门领导小组为样板，鼓励并协助所有共建国家成立符合本国国情和国际产能合作需求的"一带一路"国际产能合作专门领导小组，以做好国际产能的工作对接。

第三，中国"一带一路"国际产能合作专门领导小组应加强与"一带一路"共建国家国际产能合作方面的制度共建。中国应鼓励共建国家尽快整理既有的"一带一路"的相关合作制度，并改进、完善、创新各国内部制度，共建科学合理的"一带一路"制度框架。增强各国内部制度和"一带一路"合作制度的适应性与普遍性，强化各国产能合作制度之间的信息互通、监管互认、执法互助，尤其是以下制度：关税制度、检验检疫制度和投资准入制度。

第四，中国"一带一路"国际产能合作专门领导小组应加快中国的产能合作政策与共建国家相关政策的充分对接，助力形成国内外联动的开放共赢的国际产能合作政策机制。由于国际产能合作政策的制定涉及中国国内和共建国家的政府、产业和企业等多类主体，国际产能合作专门领导小组应通过多种途径广泛收集意见，适时调整政策，以更加符合国际产能合作的实际需求。在此过程中，国际产能合作专门领导小组还应注重政策实施后的反馈意见收集整理，以完成后期对政策的完善。

5.3.2 建立完善企业联盟

在企业层面，企业应该发挥抱团优势，加快构建国际产能合作企业联盟。中国参与产能合作企业存在的问题如下：

一是企业在组织结构、生产经营、市场营销等方面的管理缺乏严格规范，普遍存在资产规模不足、经营和生产分散不集中、缺乏竞争力的问题。

二是企业对境外投资的了解不够充分，相关知识缺乏系统性，对境外投资的相关政策、信息、风险等的了解渠道不足，信息滞后，经验不足。

三是企业事先未对投资目的国的国际贸易规范、相关法律政策、社会风俗作充分的调查与研究，面临各种风险，如政策环境不稳定、相关信息不透明、国家政局动荡、基础设施条件落后、劳工纠纷等，且风险防范意识不足，运营不规范，容易产生各种争议、纠纷。

总而言之，境外企业的国际化经营缺乏全国的系统性、科学性的统筹战略和对企业国际化经营的有效引导、监督与管理，结果是企业以利益为导向从事国际化经营，受到市场自发性和盲目性的不良影响，导致经营困难。因此，应建立国际产能合作企业联盟，推动装备制造业上下游企业整合优化，并积极做好以下五项工作：

一是促进信息共享，避免恶性竞争。联盟应主动了解联盟成员需求，汇聚来自行业、市场和技术多方面的信息，为中国装备制造业企业的决策服务，并通过多种渠道，让成员企业讲解它们各自在国际产能合作方面积累的成功经验，也方便各企业对项目模式和操作方式进行有针对性的探讨。同时，企业可从联盟处及时获得市场方面的相关信息，并在出现冲突时，请求联盟给予协调和帮助。

二是加快战略合作，推动企业编队出海。建议成员企业充当开拓国际市场的先锋，建立团队合作的伙伴关系，以带动其他企业加入战略合作，发挥集群优势，互通有无，共同进步。在产能合作项目运行过程中，建议以联盟为平台，引导成员企业在产业链方面进行通力合作，在设计、施工、制造、运营等环节同心协力，共同增强联盟的运营能力。

三是促进技术标准与国际标准接轨。在"走出去"中，装备制造业的规范与国际标准目前仍然存在较大差距，因此，处于产业链各个环节的联盟成员应利用各自的技术实力，通力合作，以促进中国标准与国际标准接轨，提高中国制造业的国际竞争力。

四是充分发挥联盟的沟通协调作用，建立联盟协调机制，充分发挥联盟的协调作用，以维护联盟的整体利益为大前提，及时协调联盟成员间的利益冲突，对于无法协调的事项，要积极与各有关部门加强沟通与联系，获得各方的理解和支持。

五是要尽快建立精干、高效的人才队伍，广泛吸纳精通国外法律制度、社会风俗，经验丰富的专业人才；注重加强培训，不断增强他们的业务能力，以期为产业联盟的运行建言献策。

5.3.3　发挥行业和民间协会作用

在社会团体层面，应成立行业协会和民间协会，发挥它们在参与国际产能合作中对企业的支持作用。在"一带一路"合作模式中，多方参与协调是必要的，国际产能合作中行业协会和民间协会是重要的行为中介，这些企业指的是一些具有共同目标、资源组织的商人或团队，具有自治性、非营利性和经济互益性，联系面广，接近企业和市场，具有服务和监管一体化的"更低成本、更高效率"的功能优势。在开展国际产能和装备制造合作过程中，要充分发挥行业协会和中介机构的作用。

第一，充分发挥行业协会和中介机构的协调功能，加强与共建国家有关机构和国际组织的合作，协助企业解决国际合作中遇到的各种问题。

第二，有效发挥行业协会的风险管控作用，构建三位一体（低成本、高效率、低风险）的海外投资风险管控体系，尽可能地防范和降低企业海外运营中可能面临的各种风险，保障企业在海外的安全运营。

第三，加强行业自律，引导、协调和帮助国内企业在海外市场相互支持和联合，而不是恶性竞争。

第四，构建国际化、市场化的中介服务机构和中间组织，为企业提供专业化咨询和服务。

中国现有的行业协会和中介机构实力较弱，资金和人才匮乏，对企业海外投资的服务、能力和经验都不足。国家应大力培养一批具有国际水平的相关中介机构，包括会计、律师、保险、公关、咨询等，发挥商会或协会等中间组织上传下达的重要作用，推动商会或协会与海外华人或华商组织加强合作，为海外企业提供信息传达、专业指导、复兴保护等中介服务。同时，要建立商会或协会，并增强其专业能力，为会员企业提供多样化的服务，包括信息共享、投资建议、政策咨询、技能培训、中介协商等，并严格按照国际商业规则规范企业行为，培育企业的质量意识、精品意识，营造诚实守信、精益求精的自律氛围，推进"一带一路"产能合作的发展。

第6章 "一带一路"倡议下中国装备制造业国际产能合作机制的实现路径

分析"一带一路"共建国家装备制造业国际产能合作路径,有利于推进共建国家装备制造业产能合作的不断升级与优化。本章从实现产业转移、立足区位优势、审慎管控风险、深化产业园建设和构建新型服务生态五个维度出发,构建国际产能合作的实现路径。

6.1 利用产业转移,推动国际产能合作

6.1.1 中低端装备制造业有序内移和外迁推动产能合作

产品生命周期理论、边际扩张理论等产业转移相关理论解释了中国倡导的国际产能合作是本国优质产能的转移过程。随着国际分工深化和比较优势的转变,产业转移以及开展产能合作是发展的必然趋势。在全球价值链的背景下,国际分工日益细化,拥有不同要素禀赋

的国家形成产品生产不同环节的比较优势，占据价值链高附加值环节的国家往往具有更高的回报，而欠发达地区一般只具备廉价的劳动力和能源等生产要素，从事组装、加工等附加值低且能源消耗大的工作。基于价值链的国际产能合作使欠发达地区融入全球生产过程，为获取先进的技术、资金和人才提供了渠道。

中国装备制造业现在已经处于价值链的深化阶段，应当侧重发展价值链的关键核心环节，将中国有限的生产要素释放出来投入到附加值更高、技术含量更高的高端装备制造业等高技术行业中，从而促进本国产业结构优化升级。同时，通过装备制造业"走出去"，寻找广阔的海外发展市场，充分发挥本国先进的技术、管理等优势，大规模催生需求市场，在处于价值链拓展阶段的国家进行技术扩散，激发知识溢出效应。这些国家可以在产能合作中模仿学习、消化吸收中国企业的生产流程和管理经验，积累产业升级需要的知识资本和技术实力，如图6-1所示。

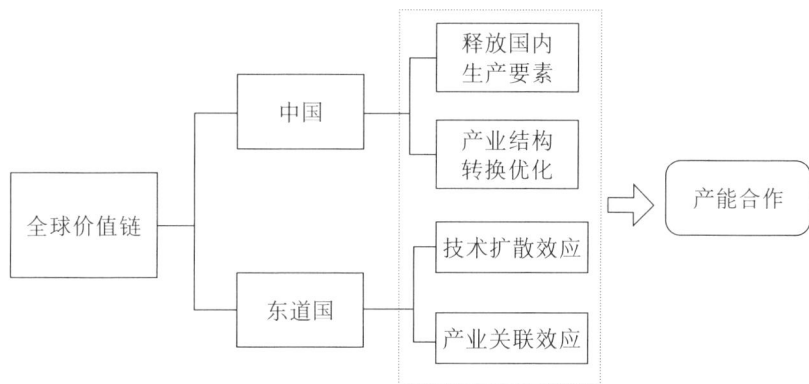

图6-1　基于全球价值链的国际产能合作

中国在进行装备制造业转移的过程中，要结合日本、韩国等国家的转型经验，将中低端的装备制造业有序外迁；在建立海外投资促进政策的基础上，扶持中低端产业转移。

从全球范围来看，第一次产业转移发生在20世纪初期，英国将本国过剩的产能向美国转移。随后在20世纪50年代，美国将钢铁等装备制造业向德国、日本等国家外迁，发展重点从劳动密集型转移到技术密集型产业。日本的半导体、通信技术的迅速发展使其成为继英国、美国之后的"世界工厂"。在20世纪60到70年代，欧美发达国家和日本、"亚洲四小龙"开始将本国不再具有比较优势的产业向中国转移，加快了中国的工业化进程，也使中国成为全球的"制造中心"。

现阶段，全球面临第四次产业转移，根据美、日等发达经济体通过产业转移完成产业结构优化的经验，中国一方面可以在本国内部实现产业向中西部地区转移，另一方面可以与"一带一路"共建国家进行产能合作。中国装备制造业具有体系优势，不仅可以自给自足，也可以承接在国内为海外品牌进行加工的工作。产业转移有助于中国中低端装备制造业的内移和外迁，首先将低技术含量、低附加值的产品生产转移到其他国家，从而将有限的生产要素优化配置给高附加值产品。

产业转移为中国装备制造业企业参与国际分工提供了机会，处于价值链中低端的加工制造环节附加值低，研发和营销等核心环节附加值高，因此，中国企业在产能合作过程中需要慎重对产业链进行控制，将低端的产业迁移出去，将飞机制造、航天工程等高端装备制造业保留在国内，保证核心产业在国际上的竞争优势。

在通过产业转移实现装备制造业产能合作时，要结合地理位置、成本技术等各项因素选择合作对象，将本国作为产业链的核心节点，逐渐构建起面向全球的生产网络。如德国在20世纪中期进行中低端产业转移的经验，将中东欧地区作为重点，把低端环节转移到了具有成本优势的周边国家，利用低廉的劳动力成本在为东道国提供工作机会和设施建设的同时提升了本国的产业竞争力。

6.1.2 发挥比较优势

大卫·李嘉图（1817）首先提出了比较优势理论，国际贸易的必要条件是不同国家间生产技术存在相对差别，而不是绝对差别，以及由此造成生产产品过程中相对成本的差别。在两种产品的生产上，贸易双方存在比较优势的一方和比较劣势的一方，为提高双方在参与国际贸易时的利润水平，需要充分考虑产品的特点和优势，生产出口本国具有"比较优势"的产品，进口具有"比较劣势"的产品。在装备制造产品的生产中，面对处于竞争优势的国家，需要吸收其技术和资金，在当地发展第三方支撑平台，推动与周边国家的产能合作。装备制造业处于比较劣势的国家作为产能合作对象，可以扩大产品的市场，将中国优秀的技术标准和管理理念输出，从而将中国的"软实力"输出。产能合作真正考虑贸易双方的比较优势和各自需求，通过价值链整合实现中国装备制造产品供给与东道国市场需求对接，形成国际的利益共同体。装备制造业国际产能合作不同于简单的产业转移，要坚持因地制宜，根据梯度转移理论，实现产业由比较优势向比较劣势转移，以及各链条产业间的梯度布局，在转移过程中促进双方产业转型升级，是一种互利共赢和协同发展的互动机制。

目前的第四次全球性产业转移与20世纪初第一次产业转移、20世纪50年代第二次产业转移、20世纪60到70年代第三次产业转移的主要区别在于，跨国公司作为经济全球化的主要领导者，为了在全球性竞争中获得更大主导力，将逐渐将低附加值的产品的生产外包给其他国家的企业，或者直接到东道国投资设厂进行生产，而本国的企业负责将高附加值的产品保留。

另一方面，根据产品生命周期理论，产品首先需要被研发出来，经历成熟阶段，最后才能被标准化。在产品研发阶段，技术成熟的国家生产产品并进行出口，在市场上占据绝对优势，此时产品具有的附加值比较高。当产品处于成熟阶段时，各国开始模仿产品的生产，于是表现出差异化，研发国为保持本国优势，选择对外投资，将产品转移到需求量大、劳动成本低的欠发达国家。当产品处于标准化阶段时，研发国的成本和价格已不再具有原来的绝对优势，转而变成比较劣势，该产品可以转移至承接国进行大量生产，产业实现转移的必要条件是移出国产品优质且国内产品市场已处于饱和状态。就装备制造行业来说，相比"一带一路"大多数共建国家，中国可以被看作装备制造业产品研发国，在技术和劳动生产率方面均具有较强的比较优势，产品丰富，而大多数共建发展中国家在装备制造业产品生产上处于比较劣势的地位，但在基础设施建设过程中对这种产品的需求量很大，适合作为装备制造业国际产能合作的承接国。中国通过出口和对外投资的形式，不仅可以释放中国生产要素空间，解决中国装备制造业产能过剩的问题，推动产业结构升级，而且可以满足共建国家对这种产能的需求，实现合作共赢。

6.2 立足区位优势，推动国际产能合作

6.2.1 产能合作共生界面指标体系构建

在国际产能合作中，区域内不同国家或地区生产要素和产品需求发生变化，会导致产业跨区移动。装备制造业国际产能合作以跨境产业链、跨境产业集群为特征，以资本化、平台化为目标，是"一带一路"倡议和《中国制造2025》战略目标的重要实践。但是必须注意到，"一带一路"各共建国家经济发展水平和政策制度等均存在很大差异，需要立足区位优势，根据各共建国家不同的特点，建立有针对性的产能合作机制，从而推动中国装备制造业依托"一带一路"倡议进行成功的产能合作。

"共生"指不同属性的个体互利地生存在一起，如果缺少彼此，则无法生存。共生理论起源于生物学，后来被西方学者引入经济学等社会科学，现在已经渗透进入区域经济合作领域。尤宏兵和杨蕾（2018）利用共生理论分析了中国与东盟各国产能合作的机制，基于聚类分析的方法研究产能合作的共生模式和合作路径，并根据不同的组织模式，对中国与东盟各国的合作机制提出了政策建议。

本书借鉴已有研究，利用聚类分析的方法分析中国与"一带一路"各共建国家装备制造业产能合作的路径。基于共生理论在区域经济学中的应用，冷志明和张合平（2007）指出一体化对称性互惠共生

是区域合作的最佳模式，具备产业集群规模大、集群程度高的特点，能够在区域内部打造核心品牌，建立资源共享、利益共享和优势互补的合作机制。

在中国与"一带一路"各共建国家的经贸合作关系中，参与合作的各国是共生关系中的共生单元，共生环境中各国投入与产出的分配对良好的共生关系的维持和稳定发展具有很重要的作用，因此，对称性互惠共生模式是国际产能合作的长期趋势。装备制造业产能合作是典型互惠共生模式的经贸合作，中国与"一带一路"各共建国家的产能合作需要借助共生界面来完成。共生界面指合作国之间传递各种信息和能量的通道。传递通道包括交通基础设施等有形通道，也包括金融、经济等无形通道。借鉴尤宏兵和杨蕾（2018）的研究，选取基础设施、教育发展水平、金融发展水平和经济发展水平作为指标建立指标体系（见表6-1），评价中国与"一带一路"共建国家装备制造业产能合作的共生界面。基于前期研究以及数据可得性，本部分对包括中国在内的33个国家进行分析。

表6-1 产能合作界面评价指标

编号	一级指标	二级指标
1	基础设施	物流绩效指数
2	教育发展水平	高等教育入学率
3	金融发展水平	私营部门国内信贷占比
4	经济发展水平	人均GDP

注：各指标内涵如下：

物流绩效指数：反映与贸易和运输相关的基础设施质量以及物流服务的质量等；数据来源为世界银行物流绩效指数调查；数值范围从1到5，越接近5表示与贸易和运输相关的基础设施（港口、铁路、公路、信息技术）质量越好。

高等教育入学率：指各国大学入学比率；数据来源为世界银行数据库。

私营部门国内信贷占比：衡量一国金融发展水平和金融体制完善程度；数据来源为世界银行。

6.2.2 研究方法与结果

本书采用系统聚类的方法，即对个案进行分层聚类，基本思想是将样品或变量看成不同的类，然后将距离接近（针对样品聚类）或性质接近（针对变量聚类）的两类合并为一类；再从中找到最接近的两个类合并，以此类推，直到所有的样品或变量被合为一类。将中国与"一带一路"共建国家的共生界面根据上述指标体系进行聚类分析，结果如图6-2所示。

根据谱系图，将33个国家按照指标评价体系分成由高到低的5类，聚类结果见表6-2。聚类分析表明其他"一带一路"共建国家的共生环境与中国的非对称性差异，这将对中国与其他各国进行装备制造业产能合作的路径选择造成不同影响。

6.2.3 区位影响产能合作的实施路径分析

（1）结合经济规律促进产能转移

市场经济的一般规律是，经济要素从供过于求的区域向供不应求的区域转移。中国装备制造业在"一带一路"背景下的国际产能合作，需结合市场经济的一般规律，按照转入地区经济发展水平由高到低的顺序转移。中国的钢铁产能过剩问题与南亚地区产能不足问题并存，利用互补优势，中国可以进行产能转移。经济发展水平更高的地区的优点在于，装备制造业相关企业转移后面对的市场潜力更大，有更大的成长空间。

从上述聚类结果来看，以色列、文莱、卡塔尔、新加坡的共生环境优于中国，此时的产能合作是非对称性的互惠共生模式。这些国家经济发展水平较高，基础设施也较为完善，尤其是东盟重要成员新加坡，具有良好的地理位置和投资环境，适合中国的装备制造业企业在铁路、轨道交通等基础设施方面争取产能合作。另外，新加坡作为国际金融中心，可以为中国和新加坡的产能合作提供有效的金融支持平台，技术支持与金融支持相结合，在推动中国与新加坡合作的基础上，

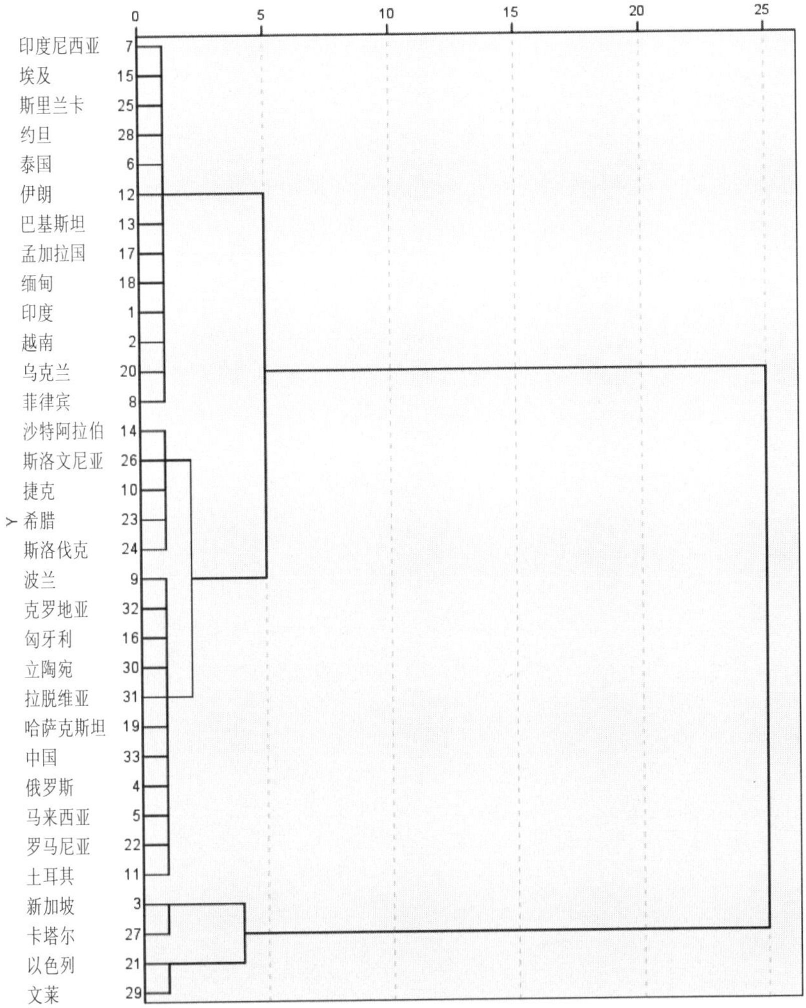

图6-2　聚类分析谱系图

进一步推动中国与东盟国家的装备制造业产能合作。另外，新加坡还是世界上重要的货物贸易仓储地，中国是世界上第一货物贸易大国，加强中国与新加坡的仓储及海港基础设施产业合作具有十分重要的意义，对保障中国物资安全有战略作用。新加坡的资本密集型产业比中国发展更快，如数据存储设备、电子产业等高技术行业，加强中国与新加坡的产能合作，有助于中国从中吸收更多的资本、技术，形成两

表6-2   中国与"一带一路"共建国家共生界面聚类分析结果

第一类	以色列、文莱
第二类	卡塔尔、新加坡
第三类	土耳其、马来西亚、罗马尼亚、俄罗斯、中国、哈萨克斯坦、拉脱维亚、立陶宛、匈牙利、克罗地亚、波兰
第四类	斯洛伐克、希腊、捷克、斯洛文尼亚、沙特阿拉伯
第五类	菲律宾、乌克兰、越南、印度、缅甸、孟加拉国、巴基斯坦、伊朗、泰国、约旦、斯里兰卡、埃及、印度尼西亚

国的优势互补,一方面可以提高中国电子通信、仪器仪表等相关产业领域的技术进步,另一方面使得新加坡获得更多的经济利益。对于共生环境优于中国的产能合作伙伴,中国一般采取援引技术和资金支持相结合的方式,通过技术升级来解决装备制造业效率低、产能过剩的问题。在"一带一路"倡议的背景下,结合东道国的发展规划和中国的资源优势,建立全新的贸易促进体系,以第三方合作的方式,巩固和扩大传统贸易,构建跨境产业链,从而支持中国装备制造业优势产能向价值链高端延展。将"走出去"和"引进来"相结合,利用发达国家的先进技术和标准理念反哺国内装备制造业市场,推动中国产业的结构优化和转型升级,通过在共生环境更优越的国家开展跨境收购兼并、成立合资公司等方式获得国际上高端装备制造业的核心技术、创新的营销模式和销售渠道以及先进的管理经验等,逐步增强中国装备制造业企业的国际竞争力,拓展国际市场。

（2）结合产业链分工进行产能合作

土耳其、马来西亚等属于第三类的国家,按照指标体系的划分与中国属于同一类国家。这些国家与中国的共生环境对称性较强,相比于印度尼西亚、越南等基础设施发展落后的国家,与共生环境对称性强的国家进行产能合作是对称性的互惠共生模式。如马来西亚、哈萨克斯坦等国都是与中国进行产能合作非常密切的国家。马来西亚的基础设施建设较为良好,另外提出了对港口、铁路和机场等领域加大投资的计划，这给中国的装备制造业企业提供了产能合作的契机。当地的融资环境也较好，拥有比较成熟的股票交易市场，可以为中国的装备制造业企业提供完善的投融资支持。考虑到各国不同市场的差异，装备制造业产能合作倾向于当地资源充足但技术开发尚不成熟的产业，如中国可以与马来西亚就机械、汽车等产业的研发、制造进行产业链分工合作，利用当地的资本与人才，提高产能合作效率。

共生模式处于对称性互惠共生阶段时，产能合作采取建立工业园区的方式更为恰当。这种方式可以实现装备制造项目的集聚，尤其是海上丝绸之路沿线重点港口城市中外产业园区建设为装备制造业国际产能合作提供了支撑平台，依托港口区位优势向腹地城市拓展，在工业园区内通过政府、企业的联合对具备产业基础但存在很大发展空间的产业进行深层次的合作，实现产能合作两个产业链分工，形成主导产业后带动关联产业发展。哈萨克斯坦是经济发展最快的中亚国家，与中国的产能合作也是典型的共生界面对称性互惠共生模式。中国与哈萨克斯坦产业结构互补，在钢铁、有色金属等领域均有较大的产能合作空间，在企业参与、政府保障的前提下，中哈之间的产能合作能够共同实现互惠互利的目标。在充分考虑哈萨克斯坦市场条件和资源能力的情况后，以中国装备制造业产品供给为主导，以当地产业发展需求为方向，实现产能合作惠及更多受益方的目标。国家政治经济环境直接关系到产能合作的安全性，哈萨克斯坦稳定的外交环境和政局为中哈装备制造业国际产能合作提供了外部保障。另外，免交投资企业所得税、当地国企和国家控股公司长期订购投资企业生产的产品等优惠政策为中国"走出去"的企业提供了良好的投资环境。同时，哈萨克斯坦重点发展的铁路设备制造业、机械设备制造业等产业与中国优势产业相契合，结合产业链分工进行产能合作能够更大地发挥两国人力和资本的作用，应对国际贸易的挑战。

（3）基于产业互补性进行产能合作

菲律宾、越南、印度尼西亚等国家基础设施发展比较落后，当地金融发展不够完善，对中国企业不能提供较好的融资支持。在这种情况下，中国与这些国家装备制造业的产能合作属于非对称性互惠共生模式，产能合作倾向于对重点基础设施进行投资的形式，因而需要基于投资便利化来考虑产能合作的对象。与新加坡不同的是，在这种产能合作方式下，中国在开始阶段需要付出更多的资金、人才的支持。如中国与印度尼西亚的产能合作，重点是铁路、公路等基础设施项目，钢铁属于中国的传统优势产业，但也属于边际产业，对于印度尼西亚等国家则是稀缺资源，这种基于产业互补性的产能合作有助于中国解决国内产能过剩问题。同时，发展东道国基础设施建设，能够减小贸易摩擦，塑造更良好的产能合作环境。共生模式处于这一阶段时，由于菲律宾、越南等地基础工业发展比较落后，产业链上下游不完善，影响中国"走出去"的装备制造业企业在当地的投资活动，在不具备技术和管理优势的情况下，需要利用边际型转移方式进行产能的梯度型转移，克服产能合作中的短板，使中国装备制造业优势产能与东道国发展需求对接。通过并购投资或者新建投资的方式在东道国设立境外分公司、办事处等分支机构，与当地政府协调控制生产经营，从而形成分工体系。例如，首钢在捷克进行投资新建汽车零部件工厂。另外，可以通过工程承包方式吸收境外企业加入中国装备制造业企业的生产链和价值链中，企业安排组织经营融入跨境产业链中，如鞍钢承包巴基斯坦8 000吨钢轨需求的城市轨道交通运输设备制造项目；中钢设备承包伊朗100万吨钢厂项目等。这些"走出去"的企业以国营企业为主，但民营企业在对外投资中所占的规模和比重也越来越大。随着"一带一路"倡议的不断深化，中国更多的装备制造业企业在泰国、越南、印度尼西亚等地进行投资布局，基于中国与东道国的产业互补性建设加工、销售的一体化产业链条，适应当地的工业化诉求，在传统投资和并购的产能合作模式基础上，发展国企合作等其他模式，推动中国装备制造业和上下游产业的协同发展。

6.3 审慎管控风险，推动国际产能合作

6.3.1 "一带一路"建设中的产能合作风险识别与防范

6.3.1.1 产能合作风险概述

产能合作风险是指企业在一定环境和期限内客观存在的，导致企业在生产经营管理等一系列过程中发生损失的可能性。这种不确定性使得投资经营主体无法准确预期自身的未来发展，也无法预知环境会出现怎样的变化，从而对其自身的决策和经营产生不利的影响。产能合作风险为五大类，即国家风险、外汇风险、经营风险、法律风险以及社会文化风险。

（1）国家风险

所谓国家风险，是指在对外投资、贷款和贸易活动中，国别政治形势变化而导致资产损失的可能性。其主要特征是指企业外国资产在东道国面临危险的程度，是不受国外居民控制的并导致国际商务合同无法践约的可能性风险。国家风险主要包括主权风险，没收、征用和国有化风险等政策风险，以及战争风险。主权风险是指政府更迭给外国投资企业带来的风险；政策风险是指东道国政府在某领域内推行的相关经济政策对企业造成的负面影响，其主要表现形式有没收、征用和国有化风险等；战争风险是指爆发的恐怖主义等活动对企业经营管理带来的风险。

"一带一路"共建区域主要包括中国、东南亚、南亚、西亚等地区以及中东欧地区，其主要区域是中国及东南亚地区，但这也是美国发展战略的重要地区，因此，中国企业在进行产能合作时可能有一定的国家风险。

（2）外汇风险

外汇风险是指在一定时期内，在国际经济交易中以外币计价的资产（或债权）与负债（或债务），由于汇率的波动从而引起其价值涨

跌的可能性。目前一般把外汇风险分为三类：交易风险、会计风险、经济风险。企业在经营活动过程中存在的外汇风险被称为交易风险；在经营活动结算中的外汇风险被称为会计风险；预期经营收益的外汇风险被称为经济风险。

"一带一路"共建国家的外汇管制普遍来说比较宽松，基本采用浮动汇率制度，并且各国资本可以自由流动。但这种外汇制度将导致在一定期间内必然存在汇率波动的情况。因此，可能出现一段时期内的期初汇率、期末汇率与平均汇率存在较大差异的情况，这就会导致存在较大的不确定性和差异；同时，由于企业自身的外汇风险意识比较薄弱，从而给企业带来较大的外汇风险。随着"一带一路"建设以及国际业务的进一步发展、企业外汇存量的进一步增加，对外投资企业应在外汇管理中强化风险观念，加快完善企业自身内部外汇风险控制制度，从而在外汇交易中尽量规避内控风险和汇率变动风险，增加企业效益。

（3）经营风险

企业风险是指世界各国市场环境的差异以及自身存在的体制、管理、文化等问题可能给企业经营活动造成的损失。在经营风险中，市场环境变化所带来的风险可分为价格风险、销售风险和财务风险；企业自身机制方面的风险包括技术风险和人事风险。价格风险是指通货膨胀等因素对企业造成的损失。销售风险是指国内的需求和消费能力等因素对企业销售活动带来的风险。财务风险是指东道国税收政策、外汇政策给企业经营管理带来的不确定性因素。

在经营风险中，价格风险对企业对外投资的影响巨大。价格风险包括劳动力成本、通货膨胀率及其增速、工人社会保障等重要因素，影响企业的对外投资行为和企业的经营管理。

从总体上看，在世界银行发布的190个国家或地区的营商环境排名中，"一带一路"共建国家的营商环境较差，个别国家的经济发展缓慢，甚至出现下滑趋势；同时，共建国家存在通货膨胀的现象，自身营销渠道质量较差，基础设施有待加强，这对于中国企业在此投资造成了一定的困难和风险。

（4）法律风险

法律风险是指各国政策、法律规定的差异对个人或企业经营管理等活动可能造成的损失。实践中，人们往往从特定的法律风险主体或从某一领域出发对法律风险加以界定。影响中国企业在"一带一路"共建国家进行对外投资的法律风险主要包括东道国对引进投资审查、引进投资领域、投资股权占比限制、外资企业用工等相关的法律、政策和规定。

从"一带一路"共建国家来看，各国由于经济发展水平较低，所以对引进投资审查、引进投资领域等方面的限制较少；但对于外资企业员工任用等方面政策、法律限制较多，从而影响中国企业的对外投资，增大企业经营管理成本以及风险。

（5）社会文化风险

社会文化风险是指文化差异导致特定人群之间的价值衡量标准和行为准则的不同，从而使他们对于特定事物具有不同的看法和行为，进而对企业经济活动造成损失或盈利的可能性。其主要包括沟通风险、商务管理风险以及社会禁忌风险。

每一个国家都有源于社会深层信念结构的特有文化，不同文化决定了不同的价值取向，文化的差异是进行对外投资时都要面临的核心问题。"一带一路"共建国家的语言、传统、性格和生活方式也不尽相同，每个国家都有着与自己政体相适应的物质文化、社会文化和精神文化。社会文化因素对一个国家的企业的影响是全方位、全系统、全过程的，它渗透在投资的方方面面。

6.3.1.2 主要区域的产能合作风险识别

（1）东南亚区域产能合作的风险

东南亚各国对"一带一路"倡议响应积极热情，政府出台对中方投资给予较多鼓励与优惠的政策。东南亚地区水文和地质状况良好，有利于项目建设的质量以及后续的长期稳定经营。但东南亚地区位于板块交界地带，地壳运动活跃，容易遭受地震、海啸等自然灾害。大部分东南亚国家经济结构单一,应对市场风险能力较弱,在投资合作的道路上加剧了风险的产生。

除了部分东南亚国家由于深化政治转型可能造成地区局势动荡,为产能合作带来安全风险以外,宗教、传统、语言差异等也可能导致中国投资企业出现各种不适应或违反当地风俗习惯的行为。此外,在东南亚部分地区还存在宗教极端主义带来的恐怖主义威胁和潜在的反华、排华势力。

由于东南亚地区普遍由发展中国家构成,法律体系不成熟,法律和法规体系、执法环境与中国差异较大,在国际产能合作过程中可能会受到来自司法和执法公正性、争端解决机制有效性的挑战。

(2)南亚区域产能合作的风险

虽然中国提出的孟中印缅经济走廊、中巴经济走廊建设与南亚各国的发展形成了对接,得到了南亚许多国家的积极回应,但这一地区的政治局势动荡较为明显。民族和宗教矛盾、国家间对立以及恐怖主义威胁曾造成南亚地区长期动荡。此外,由于部分建设项目涉及一国经济、政治安全等敏感问题,被投资国家可能会为了维护本国安全利益而采取违背市场经济的政府决策,将经济问题政治化,影响到中国企业对其开展大规模投资活动。

南亚国家普遍面临经济增速缓慢、基础设施严重不足、能源短缺、货币疲软、通货膨胀压力居高不下等问题。由于政府财力较弱,资金相对短缺,因此,南亚国家对大型基础设施项目的偿付能力较差。中国投资者可能面临较大的融资压力和较高的融资成本,从而影响投资收益的周期和回报率。

(3)西亚区域产能合作的风险

西亚地区国家政治局势风云多变,未来发展趋势也充满不确定性。除去少数海合会成员如阿联酋社会政治风险较低外,西亚大多数国家都因较高的社会政治风险成为中国海外投资的风险高危区域。

西亚地区普遍存在水资源短缺和基础设施建设落后的困境,自然环境条件与基础设施状况的劣势较为突出。西亚大部分国家，特别是受政治安全局势动荡影响的国家，基础设施建设落后，相关配套设施不完善。为了形成配套的投资环境，投资者势必追加新的投资，进而导致投资成本提升。

安全风险是西亚地区最主要的风险之一。该地区民族众多，宗教林立，各区域之间历史遗留问题多，导致社会无序，暴力冲突较多，地区持续性动荡对项目投资和建设带来严峻挑战。

（4）非洲区域产能合作的风险

非洲地区由于军事政变、内战和边界冲突相对频繁，国家政策制定和执行往往缺乏连续性和可预见性。由于近年来中国在非洲地区的经济和外交影响力迅速发展，一些西方国家制造"中国威胁论"，恶意诋毁中国，给在非洲的中国投资者造成巨大的舆论压力。

作为世界上贫困国家最集中的地区，非洲经济基础薄弱，经济结构单一，基础设施滞后，市场发育不健全，易受到国际经济形势变动的影响。部分国家限制外汇流出，甚至金融体系尚未融入全球金融体系，使这些国家进行产能合作面临较大的经济风险。中国企业在非洲进行的项目建设和投资也面临十分突出的安全风险。

（5）欧洲区域产能合作的风险

欧洲的地缘政治形势复杂，是大国利益的汇聚点，也是冲突的交汇点。此外，欧洲国家政府实行贸易和投资保护主义政策较为常见，由此可能使投资风险和成本增加。

欧洲地区的自然环境优越，气候、地形、水文状况良好。特别是西欧与南欧国家经济发展历史悠久，城市基础设施建设状况良好，有利于产能合作。

6.1.3.3 产能合作风险防范的路径

（1）加强政府间对话与合作

第一，中国政府应该积极与"一带一路"共建国家进行谈判，签署双边或多边投资保护协定，将投资保护工作纳入国际保护体系。

第二，中国政府应该加强与共建国家的友好往来，努力营造和平的国际环境,尽量避免中国企业遭受政治风险和安全风险。

（2）构建风险预警管理机制

第一,要对共建国家投资项目实行全程监测,对大量的信息进行分类、整理和存储,并将这些监测信息及时、准确地发布。

第二,要利用指标评价体系对监测信息进行分析,以识别产能合作建设项目各类投资风险的征兆,判断项目处于正常、警戒还是危急状态。

第三,要通过技术手段分析已被识别的各种风险因素的成因、过程及发展趋势,明确危害性大的风险因素。

（3）完善海外投资保险制度

第一,中国立法机关要制定海外投资保险制度的基本法,扩大海外投资保险法的覆盖范围,改善海外投资保险法层次多、效力不一致的问题,做到有法可依,并逐步建立起一套完善的、系统的海外投资保险法律体系。

第二,国家应该选择适合中国的海外投资保险制度,采取"双边保证为原则,单边保证为例外"的混合模式,实现防范与补救的结合。

（4）加强投融资支持

第一,加快银行业跨国经营的步伐,积极给投资企业的海外投资提供融资便利,给予融资担保和信贷优惠。

第二,国家政策性银行要与各商业银行展开对接与合作,合力为投资企业提供融资保障,降低投资风险。

第三,政府要适度放松金融管制,赋予投资企业必要的海内外融资权和担保,鼓励其在国际金融市场上筹资。

（5）培育风险管理专业人才

第一,加大对高校的财政支持力度,鼓励其对投资风险进行专业化研究。注重高校师资力量的建设,定期开展培训活动,鼓励教师进行海外研修;加快投资风险管理相关专业建设,培育高素质的专门人才。

第二，在高校内设立"一带一路"研究基地，对共建国家投资风险进行有针对性、系统的研究。

第三，国家应鼓励投资风险管理咨询和培训机构的建立，为投资企业提供风险管理方面的咨询服务以及专业的应对和解决方案。

6.3.2 "产业资本－亚投行、丝路基金－产能合作"模式分析

世界经济波动很大，中国装备制造业在产能合作过程中必须注意管控及规避风险。赵晓菲（2018）在"一带一路"倡议的国际背景下分析国际产能合作的风险和对策，提出为使"一带一路"倡议可持续发展，需要创新金融合作形式，完善国际产能保险工作制度等，以此规避各国经济发展水平不同和金融波动能力较弱的风险。中国的企业在选择合作对象时，需要建立风险防范机制，对可能出现的国家风险、汇率风险、经营风险等进行长期跟踪，及时根据市场状况调整合作进程。在中国政府的支持和多边金融机构的作用下，装备制造业产能合作的效率将有所提高。中国作为发展中国家，还处于国际化的初级阶段，选择装备制造业国际产能合作模式需要对各种因素进行考虑，评估存在的风险，风险程度和预期收益是企业选择合作模式的先导因素。郭建鸾和闫冬（2017）基于中国国际产能合作的现状分析"一带一路"倡议下国际产能合作的风险和对策，认为在"一带一路"倡议提出后，中国对外投资流量、存量显著增加，但各共建国家的投资模式存在差异以及区域经济发展不均衡给国际产能合作带来了一定风险，如地缘政治风险、经济风险、大国博弈风险都使"走出去"的企业面临巨大的风险敞口，为有效提高投资回报率，需要充分利用亚投行、丝路基金进行金融合作的融合，同时构建行业、项目风险评价指标体系，进行风险预警，根据风险评估的结果对"走出去"的企业进行指导。

装备制造业"产业资本－亚投行、丝路基金－产能合作"的模式是指中国的装备制造业的产业资本利用亚投行和丝路基金进行产业资

本金融化，在国际产能合作的框架下，实现中国资本与东道国资本的深度结合（如图6-3所示）。这种模式的优势在于，亚投行注重基础设施建设，丝路基金注重产能合作，二者均以实体产业为导向，在投资和融资方式上可以为中国的装备制造业企业提供新的思路，如通过贷款、股权和债权等形式实现资本通用性，降低产能合作过程中资本结合的成本。

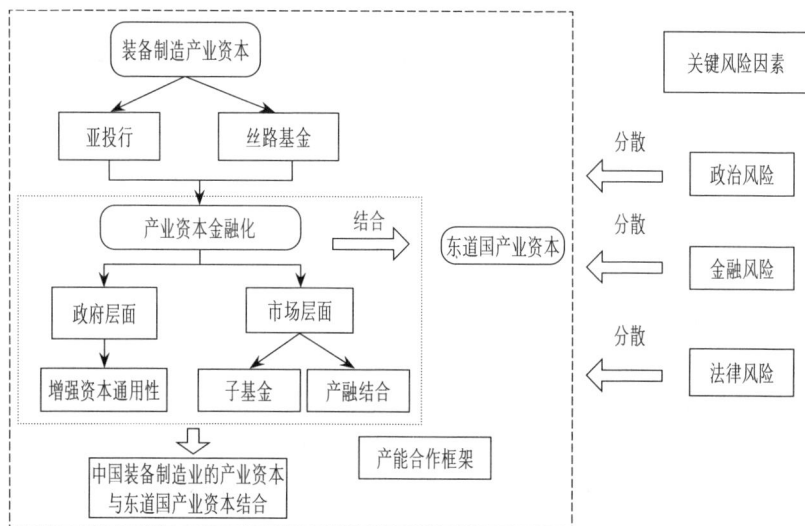

图6-3 装备制造业的"产业资本-亚投行、丝路基金-产能合作"模式

6.3.3 风险分散效应

装备制造业的"产业资本-亚投行、丝路基金-产能合作"是将中国装备制造业的产业资本进行金融化后与东道国资本进行融合的模式，会受到东道国政治、金融和法律等多方面风险的影响。这种产能合作模式对风险的分散效应体现在：

一方面，可以降低金融风险。这是因为亚投行和丝路基金的融资功能具有实体化特征，能够降低中国装备制造业的产业资本实现通用性时的风险。依托亚投行和丝路基金，产能合作可以在完善的制度框架下进行，从而尽量规避利率管制、汇率变动等带来的金融风险。

另一方面，可以降低政治风险和法律风险。在这种模式下进行装备制造业的国际产能合作，优点在于金融化后的中国产业资本与东道国产业资本结合更容易推动具体项目的实施，增加东道国的就业率，使两国经济互利共赢、共同发展；同时，在中国装备制造业企业的主导下，保障产能合作项目的可执行性，降低市场监管壁垒造成的制度风险和法律风险。

6.3.4 风险分散影响国际产能合作的实施路径分析

（1）按东道国政治风险从低到高合作

处于国际产业链上游的国家大多已经完成工业化进程，对中国装备制造业的过剩产能需求较小，因而国际产能合作的主要目标合作对象是目前仍处于国际产业链下游的国家。这些国家正处于基础设施建设及城镇化的高峰期，与中国进行产能合作能够缓解产能不足的压力。但是从另一方面来说，处于国际产业链下游的国家可能政局不稳定，政权更迭给合作带来一定风险。如伊拉克、阿富汗、叙利亚等国长年处于战乱之中，中东、中亚地区的恐怖主义异常活跃，在这些地区进行装备制造业的国际产能合作会受到很大的干扰和制约，国际投资也会面临很多障碍。"一带一路"共建国家的不同政体之间存在政治能力和政治观念的差别，政权更替增加了东道国政策对中国企业进入态度的不确定性，政治基础和利益分配格局的变化直接影响东道国对美、中、欧等经济体的经济战略的排序，使中国装备制造业的产业资本在与东道国产业资本融合时面临更多的挑战。因此，中国装备制造业在产能合作中需要依据国家风险管控政策来选择目标合作对象，按照国家政治风险由低到高的排序进行路径选择，首先与风险评级更低的国家进行合作。

（2）按金融风险由低到高合作

装备制造业国际产能合作一般通过贸易或投资的方式实现，不同国家之间的经济活动必然涉及不同币种的兑换，带来不可避免的汇率风险。一般装备制造业企业在海外进行项目投资和建设的周期长达3

到 5 年，毛利率只有 10% 左右，而汇率风险可能将企业利润全部侵蚀。因此，装备制造业企业在"走出去"时，需要借鉴发达国家的经验，将产业资本与金融资本结合，开展多元化投融资，按照经济平稳性、风险释放性、资本流动性的原则选择合作对象。企业内部技术、产品等生产要素发生变化，外部营商环境、市场需求或制度环境变化等带来的战略风险会给进行国际产能合作的装备制造业企业造成经济损失。"一带一路"共建国家大多数经济发展水平不高，面对国际金融市场的波动，反应力和对抗力均较差，更容易受到全球金融市场的影响，影响到东道国货币政策和财政政策的稳定性，从而使中国"走出去"的装备制造业企业面临利润缩水的风险。

"一带一路"倡议为中国装备制造业企业"走出去"带来了巨大机遇，但是全球经贸环境复杂多变，国际产能合作面临着经营环境和经营风险的不确定性。装备制造业企业参与的项目开发周期较长，投资额度也较大，利率变动可能导致企业经营成本或债务负担的增加。因此，装备制造业企业在进行投资之前，需要建立动态和量化的投资环境评估系统，对东道国宏观经济、税务、商务、法律等相关政策措施作详细调查，保护企业利益，首先在各项法律、法规更完善的区域或国家完成产能合作，使企业整体战略能顺利展开。

（3）按法律风险由低到高合作

中国装备制造业的国际产能合作目标大多是其他"一带一路"共建国家，这些国家在法律制度、政策体系、市场准入标准等方面可能存在较大差异，法律信息不对称，法律和法规变动频繁，这使得"走出去"的装备制造业企业面临投资障碍和受到东道国当地企业抵制的风险。另外，东道国的法律和法规存在重复或矛盾的情况，导致溯及力不明确的问题，相关人员处理装备制造业国际产能合作的经验不足，使得合作过程中的摩擦不能得到有效及时的处理。部分国家针对外资的法律体系还没有完全建立，中国装备制造业的产业资本、金融资本在和东道国产业资本进行融合时会面临不确定的法律环境风险。

东道国的法律环境会直接影响中国装备制造业企业是否能够顺利"走出去"。在法律体系更加健全、法律制度更加完善的国家，企业与东道国签订合同、执行合同和后续维权会更有保障，因此可以降低由合作双方信息不对称带来的交易成本。中国企业在国际产能合作过程中需要遵循多边国际条约、合作方国内法和国际惯例等多项法律和法规依据，各国对外资进入的限制性措施和管控都会给合作带来更高的门槛；在法律体系尚缺乏监督的国家进行合作，更要注意相关人员和政策处理合作问题经验不足带来的风险。因此，有必要对合作国的法律风险作出评估和判断，尽可能首先选择风险更低的国家进行合作。

6.4　建设产业园区，推动国际产能合作

6.4.1　产业园影响产能合作的理论和机制

根据地缘经济理论，中国与"一带一路"共建国家在经济力量、人口因素和生态环境等方面的区别都会影响产能合作项目的实施，不同国家开展地缘关系上的合作可以弥补自身条件的不足，借助对方的优势完成分工，达到互利共赢的目的。产业园就是基于中国与各共建国家的地缘经济互补因素而开展的经贸合作实践。这种模式有利于将生产要素、技术和政策等多方面资源结合进行有效利用，从而各国发挥本国的比较优势和产业间的协调作用。在要素禀赋理论的支持下，不同国家在生产要素的供求关系上存在差异，进而能够形成生产要素的比较优势，在经贸合作中优势互补是双方互利共赢的必要条件。通过建立产业园的方式推动产能合作，能够跨越地域之间生产要素流动的障碍，减少合作双方在资源配置方面的沟通成本。产业园作为经贸合作园区，是将生产、流通等各项功能集合的产业集群所在地，内部存在大量人力、资本和信息的流通，具有共同目标的企业不断向中心聚合，共享基础设施和公共资源，这种趋势最终会形成规模效应，降

低产业链运行的成本，增加产业园内企业的整体利益。

中国装备制造业在国际上具有很强的竞争优势，鼓励这些装备制造业企业在境外投资设厂，形成产业园区是深化国际产能合作的重要路径之一。产业园作为一种新型高效的产业组织形式，能够使装备制造业更多的优质产能"走出去"，在境外形成产业集群，从而逐步提升优势产业的集聚效应，降低装备制造业企业在国际产能合作过程中的风险。但是我们也必须注意到，当前国际产业园还处于建设的初级阶段，中国大部分装备制造业企业缺乏建设经验，因此面对复杂的境外投资环境，需要借鉴已成熟的产业园区的经验，如巴基斯坦海尔-鲁巴经济区、赞比亚-中国经济贸易合作区、中欧商贸物流合作园区等。

6.4.2 产业园影响产能合作的实施路径分析

（1）促进中国境内装备制造业产业园稳定发展

中国境内国际产业园是联系境外装备制造业企业进行产业合作的枢纽，也是将各国的先进技术进行创新融合的新型平台；另外，可以与境外其他国家或地区的政府进行合作，为双方的经贸往来提供更多的优惠政策。

中德（沈阳）高端装备制造产业园是《中国制造2025》与德国"工业4.0"战略对接的载体，是境内装备制造产业园的典型代表。未来发展产业园可以以此为例来打造装备制造业高端合作平台，以产业合作为主，通过市场化、国际化的运营方式吸引更多的境内外企业参与产业合作建设，在规避同质性企业竞争带来负面影响的基础上，发挥企业的特色，从而释放合作优势。

建设装备制造业产业园需要结合本行业发展现状，针对装备制造业行业基础好但产能过剩的明显特点，明确未来的发展方向。发挥高端装备制造业的优势，尤其是在数控机床、石化设备等产业集聚度高的具有竞争力的领域，在政府的相关政策支持下承接境外装备制造业的合作项目，带动中国企业承揽技术含量高的大型项目，推动装备制造业的国际产能合作。

（2）积极参与境外国际产业园建设

通过并购境外企业、在境外投资设厂等方式，发挥中国装备制造业的竞争优势，引导中国企业赴境外参与产业园建设，在境外形成行业集群，不断扩大国际产能合作的广度和深度。中国是外汇储备大国，在进行装备制造业国际产能合作的过程中，可以利用外汇在境外开展并购活动，鼓励中国高端装备制造业企业通过参股、收购等方式参与境外并购，并鼓励有实力的企业在国外通过合资、独资的方式参与人员的培训和企业的运营，在境外设立研发机构进行创新活动，一方面可以促进中国装备制造业优质过剩产能的转移，另一方面可以提升东道国的工业化水平。

另外，除了对外投资的方式外，还可以通过产品贸易的方式参与境外国际产业园建设，将中国过剩的装备制造业产能通过对外贸易的途径出口到其他国家。尤其是随着"一带一路"倡议的提出和《中国制造2025》计划的推进，中国与其他共建国家的贸易往来更加密切，在基础设施、交通运输、资源能源等重点领域都可以进行装备制造业产能的合作。共建国家主要是经济总量小于中国的国家，许多经济体对装备、技术存在大量潜在需求，在对东道国市场进行前期调研的基础上，以产品贸易的方式实现装备制造业产业转移，不仅可以化解传统产业产能过剩的难题，而且可以将中国在高铁、电力设备等领域的优势与其他共建国家的基础设施需求有效结合，实现产能合作和互利共赢。但同时也必须注意到，东道国的贸易保护政策和关税壁垒等不利约束对国际产业园建设的不利影响，谨慎选择产能合作的对象，通过政府、企业和产业园的共同合作，在园区进行装备制造业项目的建设，从而实现高端产业集聚，提升国际产能合作的成效。

装备制造业的国际产能合作不仅受母国和东道国之间的双边关系的影响，由于中国企业在"走出去"过程中缺乏市场经验，在国际竞争中的优势尚不明显，因此，需要将视野放宽，通过与发达国家的产能合作，以及建立双边或多边的合作项目，开拓第三方市场，从而实现各国的优势互补。应以资本输出带动产能输出，在第三方市场中向发达国家学习其先进的经验和技术，同时向其他国家释放中国的优势，完善装备制造业国际产能合作的协调机制。

6.5 培育新型服务生态，推动国际产能合作

6.5.1 新型服务生态助推国际产能合作的机制

新型服务业可以使装备制造业企业在国际产能合作过程中获得更多竞争机会和优势。中国装备制造业现在趋于成熟，行业发展由卖方向买方市场转移，装备制造业的增加值偏低，而将金融、互联网通信技术等新型服务与装备制造业结合能够为装备制造产品提供服务支持的价值，"产业+服务"这种模式已经成为装备制造业企业获得竞争力的新途径。

服务业专业化和标准化程度的加深降低了企业与客户交流的成本，更加了解客户的需求。服务业与装备制造业结合可以使客户企业参与产品的生命周期，为客户提供的服务是一种无形资产，为装备制造业企业带来更多利润。在产品生产过程中，如果装备制造业能够增加对中间服务要素的投入和服务产品的供给，则有可能给企业带来更多的经济利益。

"产品+服务"的模式能够减少生产成本在总成本中的比重，提高生产要素的利用效率。从产品提供者的角度看，装备制造业企业增强服务意识，从而有助于提高企业的声誉，推广企业产品。从客户的角度看，产品附加服务增强购买产品的便利性和安全性，如购买装备制造产品时的运输服务和安装服务等。装备制造业服务化使企业提供"产品+服务"的融合型装备制造产品，推动了产品创新，并增加了产品的附加值，有助于装备制造业在全球价值链中的地位攀升。

6.5.2 新型服务生态助推国际产能合作的实施路径

（1）"互联网+装备制造业"模式推动国际产能合作

随着计算机等通信技术的出现，互联网平台为装备制造业产业体系

建设提供了更完善的服务供给，"互联网+装备制造业"的模式为装备制造业的国际产能合作创造了新动能。在这种模式下，各国的装备制造业相关数据可以通过网络互联，国内的工作人员可以远程监控"走出去"的设备；在设备出现问题时，联系东道国的中国企业售后人员，排查问题，及时处理，从而提高工作效率，降低企业在海外运营的成本。

智能化服务为中国装备制造业企业提供更多交易数据和动态信息，帮助这些企业了解境外的市场需求，因此，能够更有针对性地将中国产能转移到其他地区。基于计算机技术的装备制造业国际产能合作为中国互联网企业和装备制造业企业的协调发展创造了新的平台。互联网作为一种新型的服务业，与装备制造业的融合也有利于提升中国装备制造业在全球价值链中的地位。通过推动中国装备制造业"走出去"，参与全球价值链的生产和治理，提升中国企业的生产技术在国际中的竞争力，从而逐步占据在全球价值链中的主导地位。

（2）金融发展支持装备制造业国际产能合作

保证装备制造业国际产能合作项目的完成需要完善的金融政策的支持，在推动中国企业"走出去"的过程中，引导这些企业与境外企业合作，将资本输出和产品输出结合，从而能够将管理、标准和产能输出。"一带一路"共建国家整体经济水平较低，因此在这个过程中，要发挥金融和产业融合发展的作用，推动人民币国际化，以防资金缺口对产业发展和产能合作项目造成负面影响。

资本输出带动产能输出是装备制造业国际产能合作的重要实现路径之一。中国政府发起丝路基金以及亚投行等为产能合作提供了强大的金融支持，在以实体经济为支撑的基础上，强化金融服务的支撑作用。但是随着国际产能合作范围扩大，吸引东道国当地金融机构的参与是非常重要的，比如国际产能合作专项基金、政策性贷款等融资服务平台能够更有利于为当地的项目提供金融保障。

现阶段，金融创新为中国装备制造业企业"走出去"注入了新鲜动力，通过政策性金融工具的作用，拓宽融资渠道，从而提供长期的外汇贷款给开展产能合作的企业。金融资本作为纽带可以将资本和产业相联系，探索装备制造业国际产能合作的新型商业模式。另外，可以在东道国当地通过发行股票或债券的方式进行融资，增强中国企业在境外的现金流支持，但对开展国际产能合作的企业也需要在财税保险方面予以补贴。在中国装备制造业企业"走出去"之前，对东道国当地企业做好充分的信用评级，降低产能合作的风险，可以通过与政府机构和央企等规范化对象合作的方式，参与高铁、机场等基础设施的建设，保障中国企业能够输出优质资源和国际产能合作的顺利进行。

（3）装备制造业服务化转型为产能合作提供新路径

装备制造业服务化将制造业与现代新型的服务生态融合在一起，打破制造业和服务业分别发展不相容的传统，认识到了装备制造业服务化转型有利于促进装备制造业结构升级，从而能够在国际产能合作中具有更大的竞争优势。《中国制造2025》也提出中国的制造业要向服务化方向发展。

装备制造业服务化是在传统价值链的基础上，横向拓宽企业和行业的服务价值，人力资本、科技研发的投入等加快了企业自主创新体系的建立，使企业能够提高对有限资源的利用效率，缩小与发达国家的差距，在装备制造业的国际产能合作过程中，对合作伙伴有更多自主选择权，参与多边合作机制，依托贸易和投资加大中国与各国的合作空间。另外，装备制造业服务化需要政府起到引领作用，政策制定上的顶层设计和良好的管理环境有利于建设良性竞争的市场，加快推进和实施装备制造业的国际产能合作。

装备制造业服务化将服务产品融入装备制造业生产环节，大力发展与装备制造业企业"走出去"相关的配套服务，如物流技术、金融保险和信息技术等，能够帮助进行产能合作的企业克服合作国空间距离较远带来的障碍，金融保险等配套服务的发展降低了交易过程中的投资风险，信息技术也为各国企业增强了进入市场的便利化程度，各种内外部资源的利用有助于装备制造业企业打造国际品牌，树立中国标准，提升"走出去"的行业和产品的技术含量水平，增大企业的盈利空间，在国际产能合作过程中显现出强大竞争力。

第四篇　优化策略部分

第7章 "一带一路"倡议下中国装备制造业产能合作机制的优化策略

国际产能合作不仅有利于中国企业"走出去"、创造经济效益，同时有利于共建国家共同发展、互利共赢。本章基于前文的现状分析和机制分析，分别从产能合作的空间布局、产业结构、主体行为、方式等四个方面提出优化策略。

7.1 产能合作的空间布局优化

7.1.1 根据区域优势选择合作领域

在推进中国与"一带一路"共建国家的国际产能合作时，首先需要考虑共建国家各自的生产要素特点，依据其自身禀赋、经济发展阶段以及市场潜在增长力等多个方面进行合理的空间布局，以此在最大程度上发挥各地区的资源优势，从而提升国际产能合作的整体运行效率与经济效益。

（1）东南亚地区

东南亚地区作为"一带一路"倡议中的重要合作区域，长期以来始终与中国保持良好的贸易往来关系。东南亚国家资源丰富，其中，马来西亚、印度尼西亚盛产棕榈油、橡胶等农林产品，中国可与其在农用机械设备制造领域展开产能合作；菲律宾、泰国、印度尼西亚、越南、缅甸则均为锡、钨、锌、铝、锑、锰、金、银等矿产资源生产国，中国可与其在矿产开采设备制造、工业制造设备制造、交通运输设备制造等领域展开产能合作；文莱拥有丰富的油气资源，新加坡则是世界第三大炼油中心和石油贸易枢纽之一，中国可与其在能源管道设备制造领域展开产能合作。此外，东南亚地区人口众多，市场需求日益增加，中国可与其进一步加强进出口贸易的合作发展。

（2）南亚地区

南亚地区国家大多属于新兴经济体，基础设施建设相对落后，工业体系整体不完善。其中，尼泊尔拥有丰富的水力资源，水电蕴藏量较大，中国可与其在水力机械设备制造领域展开产能合作；马尔代夫以旅游业为支柱产业，以船舶作为主要交通工具，中国可与其在交通运输设备制造领域展开产能合作；斯里兰卡则为以种植园经济为主的农业国家，中国可与其在农用机械设备制造领域展开产能合作；巴基斯坦近年来经济增长逐步稳定，市场潜力不断被释放，且与中国具有"全天候"传统友谊的合作优势，中国可进一步加强与其在进出口贸易方面的合作发展；印度作为南亚地区经济发展水平较高的国家，各产业均已形成较为完善的自给体系，使其与中国在多领域存在实现产能合作的可能。此外，南亚地区具有劳动力丰富的资源优势，近年来已经成为劳动密集型产业国际转移的主要目的地，如巴基斯坦的纺织业与孟加拉国的服装加工业，因此，中国还可通过纺织、服装等专用设备贸易与南亚地区国家展开产能合作。

（3）西亚和中东地区

西亚和中东地区国家油气资源丰富，是世界上主要的油气开采与出口地，中国可与其在油气开采设备制造、管道运输设备制造领域展开产能合作。同时，除原油开采业以外，中东国家近年来也在着力推进石化工业、石油衍生加工业等制造业的发展，中国可与其在化工专用设备制造等相关领域展开产能合作。还有部分国家矿产资源丰富，如阿联酋的炼铝产业、沙特阿拉伯的钢铁产业，中国可与其在矿产开采设备制造、冶金工业设备制造等领域展开产能合作。

（4）中亚地区

中亚地区位于丝绸之路经济带的重要节点位置，油气资源、矿产资源富足。其中，哈萨克斯坦、土库曼斯坦、乌兹别克斯坦的资源开采情况较为理想，中国可与其在油气开采设备制造、管道运输设备制造以及矿产开采设备制造等相关领域展开产能合作。而吉尔吉斯斯坦、塔吉克斯坦仍有大量资源处于待开发状态，自身工业体系较为薄弱，中国与其在原料开采及加工设备制造领域存在较大合作空间。同时，农业仍然是中亚地区国家的主要支柱产业，农用机械设备在双边贸易往来中仍占据较大比重。

（5）中东欧地区

中东欧地区的多数国家位于亚欧大陆桥上，经济战略意义重大；但整体来看，其基础设施建设仍不够完善，中国可与其就通信设备、交通运输设备等方面展开合作。中东欧地区矿产资源相对丰富，油气开采设备制造、管道运输设备制造、矿产开采设备制造、冶金设备制造等也可以成为中国与其合作的重点领域。此外，中欧班列的运行也为中国与中东欧之间的贸易往来提供了运输便利。

（6）蒙古国

蒙古国地广人稀，矿产资源丰富，与中国经济互补性较强。目前，蒙古国工业体系尚未完善，矿业开采仍处于初级阶段，地质勘测水平较低，技术设备也相对落后，中国可与其在矿产开采设备制造、仪器仪表设备制造等领域展开产能合作。另外，蒙古国基础设施建设不完善，电力、运输等方面的欠缺对本国矿业开采造成了一定程度的阻碍。因此，中国可通过基础设施建设投资等方式，与其加强电力设备制造、交通运输设备制造等领域的合作。

（7）埃及

埃及地理位置优越，交通便利，运输成本优势明显；自然资源丰富，大量未开发土地价格低廉，矿产资源也相对富足；人力资源充足，低端与高端劳动力并存；基础设施建设虽面临老旧问题，但相对非洲其他国家而言较为完善，国内市场规模较大，且消费结构两极化严重。中国可与埃及在农业机械设备制造、油气开采设备制造、纺织机械设备制造等领域展开产能合作。另外，值得一提的是，近年来埃及汽车组装业迅速发展，而埃及本地并无自主汽车工业，因此，中国可以通过建立产业园区等投资方式，将汽车组装以及部分零配件的生产加工环节转移到埃及，或加大双边汽车中间品贸易往来，从而推动两国汽车产业内的进一步合作发展。

7.1.2 利用核心国家进行区域辐射

自2013年"一带一路"倡议提出以来，中国始终大力推进与共建国家之间的投资建设与贸易往来，已经与部分国家达成了国际产能合作协议，合作项目正在逐步推进。以这些国家为核心，能够充分利用其在区域内以及对周边国家的辐射与带动作用，从而实现中国国际产能合作的进一步推进与完善。

（1）东南亚地区

东南亚地区包括东盟10国与东帝汶，共11个国家。2022年，中国与东南亚地区国家之间的双边贸易额达9 757.75亿美元，对"一带一路"共建国家投资合作稳步推进。我国企业在"一带一路"共建国家非金融类直接投资209.7亿美元，增长3.3%，占同期总额的17.9%；在共建国家承包工程完成营业额849.4亿美元，新签合同金额为1 296.2亿美元，分别占总额的54.8%和51.2%。其中，投资存量排名第一的是新加坡，其次是印度尼西亚。新加坡作为亚洲较为发达的经济体，工业体系完善，基础设施建设成熟，其经济发展水平远超过东南亚地区的其他国家，不具备普遍性与代表性。而印度尼西亚作为东南亚最大的国家，位处亚洲大陆及澳大利亚之间，扼守出入太平洋、印度洋之间的门户马六甲海峡，在全球战略上居重要地位，棕榈油、橡胶等农产品、矿产资源丰富。印度尼西亚政府重视扩大投资，市场化程度较高，具有劳动力资源优势与海洋交通运输优势，在世界银行《2020年营商环境报告》的190个经济体中排在第73位。2022年，中国对印度尼西亚出口贸易额达713.2亿美元。中国向印度尼西亚出口的装备制造业产品主要包括机械器具及零件、电机、电气、音像设备及其零附件、车辆及其零附件、船舶及浮动结构体等；主要投资领域集中在矿业、农业、电力、地产、家电与电子等方面。目前，中国企业在印度尼西亚签署的大型工程承包项目包括美加达卫星新城项目（中国建筑股份有限公司）、雅万高铁项目（中国铁路国际有限公司牵头）、电信项目（华为技术有限公司）等。

（2）南亚地区

南亚地区共有7个国家。2022年，中国与南亚地区国家之间的双边贸易额达1 974亿美元，投资存量排名第一的是巴基斯坦，其次是印度。

巴基斯坦地理位置优越，能够对南亚、中亚、西亚和中东地区实现全面辐射，投资政策相对宽松自由，且与中国有着特殊友好关系，是"一带一路"倡议的重要支点国家。中巴经济走廊建设也在稳步推进。制造业是巴基斯坦的支柱产业，但主要集中在纺织、皮革、食品加工等轻工业上，装备制造业发展仍有所欠缺，致使巴基斯坦国内基础设施建设不够完善，成为制约其国民经济进一步发展的主要因素。目前，中国已经与巴基斯坦就能源、运输、电信等多个领域展开合作，双方具备良好的合作基础与合作潜力。在世界银行《2020年营商环境报告》的190个经济体中，巴基斯坦排在第108位。2022年，中国对巴基斯坦出口贸易额达230.9亿美元。中国向巴基斯坦出口的装备制造业产品主要包括机械器具及零件、电机、电气、音像设备及其零附件、钢铁制品等；主要投资领域集中在公路铁路网、港口建设、能源运输管道等方面。目前，中国企业在巴基斯坦签署的大型工程承包项目主要集中在中巴经济走廊，包括巴中友谊中心（上海建工集团）、南迪普联合循环电站（东方电气集团）、尼鲁姆·杰鲁姆水电站项目（中国葛洲坝集团股份有限公司）以及拉合尔轨道交通橙线项目（北方国际合作股份有限公司）等。

（3）西亚和中东地区

西亚和中东地区共有 18 个国家。2022 年，中国与西亚和中东地区国家之间的双边贸易额达 4 804.64 亿美元，投资存量排名第一的是阿联酋，其次是以色列。阿联酋石油资源丰富，地处印度洋入口要冲，基础设施建设较为完善，商业环境宽松，政治环境稳定，法律制度健全，是中东地区最具投资吸引力的国家之一。近年来，阿联酋开始逐渐摆脱单一的石油产业依赖，致力于推动经济多元化发展，鼓励创新发展，已逐步成为中东地区金融、商贸、物流、旅游中心和商品集散地，具有较强的区域辐射作用。在世界银行《2020 年营商环境报告》的 190 个经济体中，阿联酋排在第 16 位。2022 年，中国对阿联酋出口贸易额达 534.98 亿美元。中国向阿联酋出口的装备制造业产品主要包括机械器具及零件、电机、电气、音像设备及其零附件、钢铁制品、车辆机器零附件等；主要投资领域集中在能源、钢铁、建材、建筑机械、五金、化工等产业。目前，中国企业在阿联酋签署的大型工程承包项目包括阿联酋 Ittihad 造纸厂项目（中国中轻国际工程有限公司和中国机械进出口（集团）有限公司）、巴布油田综合设施项目（中国石油工程建设有限公司）等。

（4）中亚地区

中亚地区共有 5 个国家。2022 年，中国与中亚地区国家之间的双边贸易额达 705.29 亿美元，投资存量排名第一的是哈萨克斯坦，其次是塔吉克斯坦。哈萨克斯坦位于欧亚大陆中心地带，物产资源富足，地理位置优越。近年来，哈萨克斯坦在维持能源支柱行业的同时，加快装备制造业、建筑业、交通运输业等重点产业发展，打造新的经济增长点。哈萨克斯坦经济发展迅速，政治局势稳定，社会环境优良，物产资源丰富，相较于其他中亚国家与中国交往更加密切。在世界银行《2020年营商环境报告》的190个经济体中，哈萨克斯坦排在第25位。2022年，中国对哈萨克斯坦出口贸易额达162.58亿美元。中国向哈萨克斯坦出口的装备制造业产品主要包括机械器具及零件、电机、电气、金属制品等；主要投资领域集中在能源开采、电信、电力、运输工程、建筑等方面。目前，中国企业在哈萨克斯坦签署的大型工程承包项目包括阿斯塔纳Univer City项目（中国建筑所属中建新疆建工（集团）有限公司）、双西公路承包工程（中国水电建设集团国际工程有限公司）等。此外，中国在哈萨克斯坦已经在建中哈金土地高科技产业园区以及哈萨克斯坦农产品加工物流园区，并签署货币互换协议。

（5）中东欧地区

中东欧地区共有16个国家。2022年，中国与中东欧国家（以下简称中东欧）双边贸易总值为9 210.5亿元，比2021年增长9%，其中，对中东欧出口7 142.9亿元，增长13.8%。截至2020年年底，中国对中东欧国家直接投资存量为37.3亿美元，同比增长32%，占中国对外直接投资存量的0.14%；较2012年的13.3亿美元的投资存量增长了24亿美元，累计增幅为180.5%，年均增长率为13.7%。其中，投资存量排名第一的是波兰，其次是匈牙利。波兰是连接东、西欧的交通要地，矿产能源富足，地理位置优越。相对其他东欧国家而言，波兰经济发展状况良好，国内市场需求较大，劳动力丰富且素质较高，拥有优惠宽松的投资政策，与中国已经建立了良好的贸易往来与投资关系。2022年，中国对波兰出口商品总值为381.63万美元，相比2021年同期增长了15.72万美元，同比增长4.5%；截至2021年年底，中国对波兰直接投资存量为5.36亿美元。中国向波兰出口的装备制造业产品主要包括电气设备及其零件，机器、机械器具及其零件，光学、照相、电影、计量、检验、医疗或外科用仪器及设备等；投资领域包括制造、物流、IT、金融、电子、生物医药、商贸服务、新能源、锂电池等，龙头企业包括柳工、华为等。目前，中国企业在波兰签署的大型工程承包项目包括波兰热舒夫变电站改造扩展工程（上海电力建设有限责任公司）等。此外，中国于2012年已与波兰签署《关于加强基础设施领域合作协定》，两国间仍存在较大的合作潜力与空间。

7.2 产能合作的产业结构优化

中国在与"一带一路"共建国家进行国际产能合作时，需要对本国以及共建国家的各细分产业发展情况进行详尽了解，分析自身产业优势与对方产业需求，并注重提升合作产业的高新技术水平以及其带动其他产业共同发展的关联能力（如图7-1所示）。

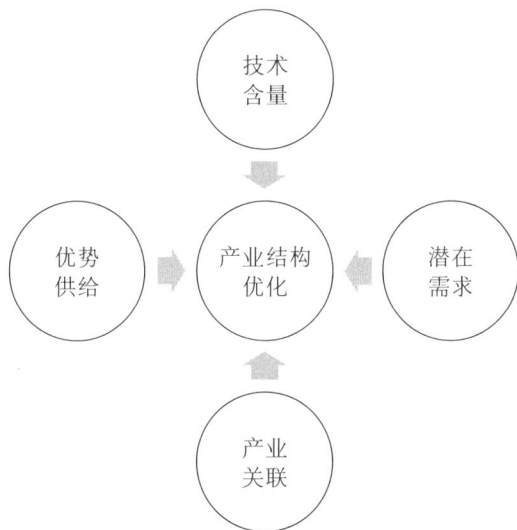

图7-1 "一带一路"倡议下中国装备制造业国际产能合作产业结构优化思路

7.2.1 推动本土优势产能持续输出

从供给的角度分析，目前中国工业体系完善，装备制造业逐渐向高精端化发展，国内前期富余大量优势产能，为实施国际产能合作奠定了产业基础。中国200余种工业产品产量位居世界第一，其中既包括纺织、钢铁、电解铝、水泥、家用电器、平板玻璃、工程机械等传统产业产品，也包括多晶硅、风能设备、光伏电池等新兴产业产品。2022年，中国出口贸易中占比最高的产品为电机、电气设备及其零件，排名前十的出口产品中超过一半为装备制造业产品。此外，中国在"一带一路"倡议下推动与共建国家之间的国际产能合作，既有助于本国优势产能的输出，也能够推动本国产业结构进行不断优化提升，逐步开创双赢局面。

7.2.2 对接共建国家潜在市场需求

从需求的角度分析，"一带一路"共建国家大多属于发展中国家，部分地区工业体系不完善，基础设施建设不发达。而近年来，全球市场需求中心正向发展中国家转移，"一带一路"共建国家在推动经济发展的过程中对于基础设施建设升级与工业化提速产生了巨大需求。而基础设施建设具有投入大、涉及产品种类多等特点，能够带动中国装备制造业产品的持续输出。例如，在公路铁路网建设上，轨道修建有助于化解中国多余的钢铁产能，机车组出口则同时能够带动交通装备制造、集成电路制造、电子信息制造、光电显示制造等多行业产能输出。

7.2.3 提升高新技术产品出口比重

在与"一带一路"共建国家实施国际产能合作的过程中，不仅要推动本土优势产能的持续输出，对接共建国家的潜在需求，还应该注重输出产能的持续升级，提升高技术产品出口的比重。高技术产品的出口不仅能够实现产能输出，同时可以带动中国技术输出、管理输出、服务输出与标准输出，有利于提升中国在共建国家的话语权与竞争力，进而逐步实现以中国为主导的区域性价值链构建。

7.2.4 利用产能合作产业关联能力

装备制造业具有较强的产业关联特性。一方面，在其自身生产活动过程中,需要服务业等其他产业增加值的大量投入;另一方面,装备制造业产品能够借助工业自动化、电子信息化的趋势被应用到其他工业、建筑业等产业的生产活动中。因此,中国在与"一带一路"共建国家进行装备制造业国际产能合作时,要充分利用产业的前后向关联能力,促进国内产业链条上下游企业达成合作协议,"抱团出海",在海外项目建设过程中尽可能多地使用本国关联企业的相关产品、技术和服务,从而为中国更多产业在"一带一路"共建国家实行国际产能合作奠定基础。

7.3 产能合作的主体行为优化

7.3.1 企业层面

"一带一路"倡议下的国际产能合作机遇与风险并存,企业作为实施国际产能合作的微观主体,在投资过程中应该进行合理的整体规划,并着重注意可能存在的政治风险、经济风险、法律风险和社会文化风险等各类风险(如图7-2所示)。一方面,要做足功课,事先完成充分的市场调查与风险评估,从最大程度上避免不必要的风险发生。在选择国际产能合作对象国之前,企业应该合理评估合作对象国当地的投资环境,通过实地考察、参考投资指南、借鉴他人经验等方式,对其地理环境、政治环境以及社会文化环境等进行充分了解。客观分析当地投资需求与市场潜力,采取有针对性的贸易投资策略。在实施国际产能合作的过程中,要顺应当地风土人情,尤其注意尊重当地员工的种族宗教信仰。提前培养知识产权、法律和法规、金融等相关方面的高素质技术人才,提升企业的综合软实力。另一方面,要及时制定补救措施,将损失降到最低,双管齐下,完善风险防范机制。

(1)政治风险防范

装备制造业产业的项目出口与普通出口产品不同。一方面,装备制造业领域项目大多涉及一国的基础设施建设与重工业、高技术产业,

```
                        风险体系
        ┌──────────┬──────────┬──────────┐
      政治风险     经济风险     法律风险    社会文化风险
     ┌────┐    ┌────┬────┐   ┌────┐    ┌────┐
   政治  国际   前期  盈利  经济  知识  法律  风俗  企业
   环境  社会   的投  周期  效益  产权  体系  文化  社会
   复杂  舆论   融资  较长  不够  争议  不同  不同  责任
         影响   挑战        稳定                    考验
```

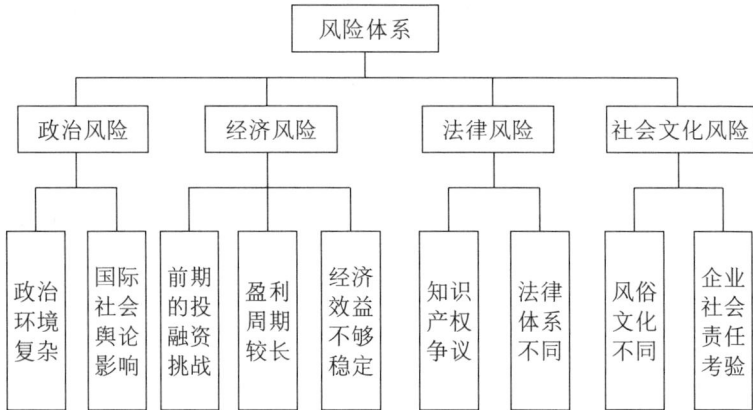

图7-2 "一带一路"倡议下中国装备制造业国际产能合作风险体系

与国家多方面的战略规划息息相关。另一方面，部分装备制造业领域项目的出口，如交通项目、能源项目、通信项目等，是通过国家与国家或政府与政府之间的谈判协商进行的，必须建立在政治互信的基础上才能推进。因此，"一带一路"共建国家政治环境的变化以及国际政治局势的发展态势会使中国装备制造业领域国际产能合作面临一定的政治风险。

从"一带一路"共建国家自身政治环境的角度来看，目前如巴勒斯坦、叙利亚等中东地区的部分国家仍处在战乱之中。尽管这些国家在交通、通信等基础设施建设方面存在巨大需求，为中国装备制造业进行国际产能合作提供了建设机遇，但由于国内政局的不稳定，项目建设面临巨大的政治风险，其安全性、持续性和盈利性都无法得到基本保障。另外，即使没有发生内战等严重动荡状况，对拟出口对象国的政治局势预判不足也会影响中国装备制造业产业国际产能合作的可行性与持续性。比如，泰国国内政府的更迭导致中泰两国"大米换高铁"项目被搁置且重新进行评估，使中国企业承担了巨大的时间成本和经济损失。因此，中国企业在评估项目可行性与选择国际产能合作对象国时，要充分考虑共建国家目前所面临的国内外政治局势，充分了解目前合作对象国境内相关企业的基本经营情况与经营环境，选取相对安全稳定的国家进行产能输出与产能合作。

从国家之间政治合作关系的角度来看，中国是否与"一带一路"共建国家建立了友好的政治互信基础也是影响中国装备制造业国际产能合作的重要因素。近年来，区域经济一体化不断蓬勃发展，但政治一体化由于核扩散、民主化以及部分地区局势动荡等一系列问题停滞不前，国家之间的不信任和疑虑在不断加深，甚至可能彼此猜忌。国家发展水平的差异、国际关系的复杂变化以及国与国之间的竞争都会对双方合作产生影响。比如印度高铁项目引发的中日竞争，尽管印度政府在进行选择时比较了成本、建设标准差异等多方面，但不可否认的是，中国与印度之间的政治互信不足也是导致中国在竞标中失败的重要因素之一。因此，中国企业可以优先选择与本国政治合作相对密切、政治互信水平较高的国家进行国际产能合作，以此规避合作过程中可能出现的政治风险及其对项目造成的负面影响。

此外，随着中国国民经济的快速发展以及国际社会地位的不断提升，部分国家一直鼓吹"中国威胁论"，对中国的善意形象进行抹黑，这会对中国在国际社会的声誉造成影响，扭曲中国善意合作的目的，引起中国周边国家的敌对心理。近年来，"中国威胁论"甚嚣尘上，部分国家对中国提出"一带一路"倡议的目的进行了不正确的揣测，再加上装备制造业领域是一国国民经济甚至国防安全建设发展的重要基础和保障，加剧了周边国家的不安情绪。除此之外，部分发达国家和西方强国也担心中国影响力的提升会威胁其自身政治利益。面对这种情况，中国企业应该在前期注重打造宣传正面的企业国际形象，在合作谈判过程中主动考虑合作对象国的经济规划与发展需求，充分展现双赢诚意，消除合作企业的顾虑，积极促进双方产能合作的达成。

（2）经济风险防范

首先，装备制造业中大部分细分产业属于资本密集型产业，项目出口建设需要大量资金支持，对中国和出口对象国当地政府来说都是一笔巨额投资。有些项目东道国难以筹集足够的项目费用，需要中国提供出口信贷或者"带资"合作。而装备制造业中交通、通信等领域在中国属于垄断行业，投融资主体和形式较为单一，没有形成完善的投融资机制，政府在项目建设过程中所需承担的投融资责任仍未十分明确，这就更加考验中国资本市场的投融资体制和能力。如果前期没有足够的资金支持或者在项目建设过程中发生资金链条断裂的情况，就会影响项目建设的可行性和持续性，造成停工或放弃项目的后果，带来时间成本以及经济损失，形成经济风险。

其次，装备制造业中交通、通信领域等基础设施建设投资基本采取 BOT（建设–经营–转让）、BOOT（建设–所有–经营–转让）等方式，即收入由项目建成后获得的收益决定；由于具有建设周期长、投资回报慢等特点，尤其是交通领域建设大多难以实现短期盈利，无法以收益弥补运营、维护等成本缺口。比如，中国台湾以 BOT 形式建设的高铁，运营后不到 3 年即陷入财务危机，而高铁作为"准公共产品"，也很难通过提高票面价格来快速实现盈利。除此之外，由于中国与"一带一路"共建国家之间的合作项目大多以美元作为中间货币进行交易与结算，因此，在国际产能合作过程中，需要进行美元、人民币、东道国货币三者之间的兑换，即涉及东道国货币与美元之间的汇率变化，以及人民币与美元之间的汇率变化。而在大多数共建国家实行的汇率制度中，美元对东道国货币的汇率会产生不可忽视的影响，人民币与美元之间的兑换比率也在不断发生变化。基础设施建设领域从建设到盈利的周期较长，其间美元汇率的波动程度也会很大，从而导致项目交付过程中的外汇会计风险与交易风险增加。

最后，中国装备制造业在与"一带一路"共建国家进行国际产能合作时，可能面临由多种因素导致的经济收益不稳定的问题。

第一，中国装备制造业在海外输出过程中要面临来自国际市场的激烈竞争。日本、美国、德国等老牌装备制造业设备生产强国一直在国际市场上占据优势地位，中国的加入会改变原有市场格局。这些国家为了应对中国的竞争，必定大力发展自身优势。而中国企业为了在竞争中占据一席之地，可能会通过降低价格或给予优惠补助等方式达到成功竞标的目的，从而导致项目建设的实际收益减少。

第二，虽然中国在装备制造业部分设备生产技术中已经处于世界领先地位，但由于欧洲国家装备制造业发展时期较早、技术水平较高、标准体系较为完善，因此，国际上大多采用欧洲设备技术标准。欧洲标准与中国标准有所差异，不仅增大了中国在相关国家实施基础设施建设的难度和成本，也成为某些国家为中国装备制造业出口设置技术性贸易壁垒的理由。而中国面对这样的技术标准差异，势必花费更多的时间成本和资金投入与东道国进行协商和谈判，或者直接被东道国拒之门外，造成经济损失。

第三，中国作为地区经济贸易合作的推动者和领导者，出口如交通领域项目这种带有区域性的公共产品时经常会为出口对象国提供优惠政策，尤其是对"一带一路"共建国家。而这些国家的经济发展水平大多不如中国和欧美国家，难以单独承担建设项目所需要的巨额资金，需要出口国对其提供资金支持或政策优待，这就可能造成中国国际产能合作的收益回报率难以准确估计，甚至形成公益性程度更大的情况，使得出口企业的实际收益与预期不符。

第四，基础设施建设具有建设周期长、涉及领域广等特点，尤其在出口海外的过程中，可能会由于各种复杂的不确定因素导致经济效益的不稳定。比如，中国与墨西哥之间的高铁合作项目在签署合作意向书后短短一周内，墨西哥就单方面宣布取消合作，这使得中国前期为此作出的所有努力付诸东流，造成了巨大的时间成本和资金损失。

因此，中国企业在与共建国家进行产能合作时，要充分考虑合作对象国的经济情况以及双方投融资渠道的多样化水平，对前期整体资金状况以及后期融资可能出现的各种情况进行全面分析和精确评估，提前做好项目合作过程中资金不足情况发生的应急措施；对自身资金情况进行充分了解，选择合适的投资合作方式，适当缩短投资盈利周期或直接放弃项目的运营权，在完成建设环节后即退出当地市场，以此规避可能存在的运营风险，保障基本收益；建立外汇风险防范意识和管理体系，将外汇风险作为投资战略层次应该考虑的重要因素，从管理层到销售、采购、财务等各个环节的员工都应该建立外汇风险的管理意识，并引进专业外汇风险管理人才，建立外汇风险防范机制；在进行国际产能合作的事前和过程中都应该积极关注可能会对汇率产生影响的相关因素，如合作国国内利率、通货膨胀率、国际收支等，通过采取科学的方法加强对可能存在的外汇风险的预测；利用金融衍生工具对具有一定预估性的外汇风险进行防范与对冲，具体而言，可以选择即期和远期外汇买卖、期货和期权交易等方式实现对外汇风险的应对与纠正，也可以在签订合同时通过规定结算时的汇率以合同签订日汇率为准或直接界定一个执行汇率的方式，避免结算日与交易日汇率不同带来的交易风险。此外，还可以积极利用保险、担保、银行等保险金融机构和其他专业风险管理机构的相关业务保障自身利益。

（3）法律风险防范

第一，装备制造业细分产业，如电子信息技术制造业、光学与仪器仪表制造业等均属于产品技术含量较高的产业，生产建设过程中与专利等知识产权领域关联密切。目前，世界各国在国际贸易中对知识产权的重视程度日益提升，中国对于知识产权体系的建设还远不如发达国家，因此，竞争国家可能通过提出知识产权诉讼、阻止或拖延中国专利项目申请、在技术引进和输出中设置知识产权合同陷阱、大幅提高本国专利使用费用等手段对中国与"一带一路"共建国家进行国际产能合作形成制约。而在合作对象国境内面临知识产权诉讼，无疑要比在国内增加了当地语言、制度、法律和法规等方面的难度，诉讼成本也会提升，增加中国国际产能合作的法律风险。

第二，"一带一路"共建国家数目多，涉及范围广，且发展程度不同，每个国家的法律和法规体系建设也有所差异。而装备制造业国际产能合作项目建设周期长、资金消耗量大，通常是通过国家与国家或政府与政府之间的谈判协商确立的，因此，必须对双方国家的政策、法规等领域进行精准认识。比如在投资方面，欧盟的政府采购相关法律规定政府建设项目涉及金额如果超过20万欧元，需要采取公开竞标的形式确定合作对象。这意味着中东欧的高铁以及其他基础设施建设项目会由多个国家共同竞标，这将从根本上危及当前中国交通领域"走出去"的运作模式，即政策性银行进行融资，由中国企业承接项目。除此之外，从税收的角度来说，每个国家的税收法律制度也有所不同，中国在进行国际产能合作时可能会面临双重征税、转移定价调查、资本弱化等方面的税收法律风险。

因此，从知识产权的角度看，一方面，中国企业要提前了解合作对象国的知识产权保护法律，尽量避免与竞争对手之间可能存在的知识产权纠纷；另一方面，要合理维护自身知识产权成果，保障自身权益不受侵犯。从法律体系的角度看，在开展投资、贸易、承包工程和劳务合作的过程中，要特别注意做好事前调查、分析、评估相关风险，事中做好风险规避和管理工作，切实保障自身利益，包括对项目和贸易客户及相关方的资信调查和评估，对合作对象国相关投资准则和法律、法规的了解，对项目本身实行的可行性进行分析和说明，对资金链持续性和可能出现的财务风险进行预估和规避。

（4）社会文化风险防范

一方面，中国装备制造业在进行国际产能合作进程中要走入不同国家，会面临不同的社会文化等环境差异，因此，需要事先对出口目标国国内的建设环境、人文风情、宗教禁忌等方面进行深入了解；否则，可能会导致在项目建设过程中由于当地民众的反对造成经济损失或直接被拒之门外，退出当地建设。如意大利部分居民反对都灵—里昂高铁，认为修建隧道会破坏生态，给高铁的建设带来阻力。因此，中国企业在进行国际产能合作时，应在投标前对出口对象国当地环境进行深入了解和考察，包括施工路段地理环境、人文社会文化风俗等，避免造成工程延期和资金亏损等不良后果。比如，沙特麦加轻轨项目的施工环境十分恶劣，夏季最高温度达到40℃，致使工人无法长时间持续工作，劳动力严重不足，项目建设不断延期，导致经济损失。而中国在肯尼亚建设的蒙内铁路由于事先考虑到要穿越多个野生动物栖息地，在设计和建造时专门设置了通道、涵洞和桥梁，以供动物穿行，充分满足了肯尼亚对野生动物保护的要求。目前，该项目已经竣工通车，避免了时间成本和资金浪费。

另一方面，"一带一路"共建国家近年来发展迅速，尤其是一些新兴经济体国家，在接受其他国家外来企业投资时，不仅关注投资项目对本国基础设施建设、经济发展等方面的推动作用，对企业社会责任的关注度也日益提升，这无疑对中国开展国际产能合作形成了新的挑战。国际标准化组织发布的《社会责任指南》（ISO 26000）介绍了对企业社会责任风险产生影响的因素，包括人权、劳工实践、环境、公平运营实践、消费者问题、社区参与和发展六个方面。

第一，中国装备制造业企业在对"一带一路"共建国家进行投资的过程中必须保障当地居民或员工的基础权益不被侵害，包括劳动权、健康权、饮食权、教育权等多个方面。由于装备制造业建设项目大多是基础设施建设，具有建设投资周期较长的特点，因此，在项目实施过程中必须充分尊重当地居民的习俗、文化、经济等基本权利。如果当地居民的权益受到损害，就有可能进行抗议甚至爆发游行，中国企业的项目建设就有可能面临停工或被撤销的风险。

第二，中国企业在外国投资过程中不可避免地要雇佣当地劳动力，这就涉及必须遵守当地的劳务法规及相关条例，确保员工的合理薪酬和福利待遇，充分尊重当地人力资源的文化习惯；否则，就有可能面临罢工等情况的发生，造成企业损失。

第三，环境保护也是中国企业产能输出时必须关注的问题，特别是由于装备制造业领域大多是交通、通信等基础设施方面的建设，未来合作伙伴可能大多集中在非洲等较不发达国家和地区，而非洲国家对于环境生态保护尤为看重，如果中国企业不能充分注重保护当地的生态环境，就可能会导致当地组织或民众的抗议，引发项目投资失败或亏损。

第四，中国企业在投资过程中可能存在与东道国政府或其他组织之间的腐败问题，而这种行为一经揭露就会对企业形象造成不可挽回的损失，导致企业面临严重的社会责任风险。

第五，由于基础设施领域投资项目大多涉及公共投资，高铁、港口等投入使用后都是消费者较为密集的"准公共产品"，需要建设企业保障项目的安全性等方面的问题；否则，就会被认为没有为消费者承担起相应的社会责任，从而导致社会责任风险。

第六，中国在与"一带一路"共建国家开展国际产能合作的过程中，也要将合作对象国的社会参与和发展纳入项目投资规划中，尤其是亚洲和非洲的欠发达地区，如果忽略企业自身对于社区的社会责任，就会在一定程度上引发企业的社会责任风险。

7.3.2　国家层面

（1）完善配套金融服务

在实施国际产能合作的过程中，部分投资建设项目持续时间长、涉及资金较多，这就要求相关金融部门搭建好国际产能合作的金融支撑体系，完善配套金融服务。

一是要实现差异化资源匹配。根据不同投资项目的风险、前景、周期、收益等多方面因素进行综合评估，优先为预期投资效果好的信贷项目提供资源倾斜，为其完善相应的金融配套服务，实现项目的高效推进。

二是要丰富多样化渠道融资。在兼顾政策性融资导向的同时，推进开发性金融与商业性金融的有效融合。一方面，依托亚投行、丝路基金、金砖国家新开发银行等，从宏观调控上为重大投资项目提供保障；另一方面，推动投融资机制市场化发展，为金融资源整体布局进行有效补充。

三是要推动创新化体制发展。在服务方面，为"一带一路"倡议下的国际产能合作项目开辟绿色窗口，打造便捷、高效的服务通道，降低投融资成本，通过设置完善的贷款以及债券等投融资工具，研究推行专项适用于装备制造业领域的相关金融政策，降低甚至取消不必要的流程和限制，最大程度地减少投融资成本，从而吸引各个渠道对装备制造业"走出去"建设的投资。在工具方面，针对国际产能合作跨境、跨时、跨产业的特点，强化对金融避险工具的研究，实现对期货和期权交易、债券融资工具以及信贷担保方式的创新。

四是要加强国际化金融合作。部分"一带一路"共建国家金融市场不成熟、金融体制不完善。中国相关金融机构可以加强与共建国家之间的金融合作，以互利共赢的方式提升对共建国家的金融服务供给水平，从而实现国际产能合作金融体系的构建，为推动装备制造业企业国际产能合作提供便利。

（2）提供行业信息支持

装备制造业各细分行业协会要搭建信息支持平台，加强监测评估能力。对内从整体上把握本国各行业现有产能供给、产能利用和产能过剩情况，对现行国际产能合作项目进行详尽的统计分析，总结其中的成功经验与潜在风险，为后续企业提供借鉴；对外从分产业、分国别的角度对共建国家市场需求、市场结构与市场潜力进行评估，重点关注哈萨克斯坦、巴基斯坦、印度尼西亚、蒙古国、泰国、缅甸、柬埔寨等新兴市场国家，通过搭建电子信息平台等方式进行实时、长效的监测，为国内企业提供数据支持。同时，负责发布产能合作目标国的投资环境分析报告，为企业提供基础设施建设、金融、法律、市场信息、劳动签证、采购等多方面的信息咨询与服务。

（3）降低合作政策成本

政府要出台相关政策推动产能合作的顺利实现，简化以实现产能合作为目标的对外投资审批手续，加强贸易往来的便利化程度，减少不必要的环节，为企业提高效率、降低成本。在合理管控范围内出台相应金融实施政策，为产能合作企业拓宽投融资渠道，开设提供针对性服务的绿色窗口。对于合作前景良好的投资项目，考虑适度降低贷款资质要求，完善外汇管理、信贷担保、跨境融资等方面的配套服务。实现外资准入"正面清单"向"负面清单"转化，加强与共建国家之间外资引进与流出合作的便利性与快捷性。

（4）加强顶层设计规划

积极引导企业，以推动优势产能输出与促进产业结构优化为"双驱动"目标，加强国内外"母子工厂"体系运作战略，将负责一般产品和技术的子公司转移至共建的新兴市场国家，由国内母公司进行先进技术研发，提供技术管理支持。在优化本国生产效率与技术结构的同时，通过推动子公司的规模化、流程化生产，不仅能够降低产品成本，还可以为当地增加就业机会，帮助子公司所在国完善工业体系，实现双赢局面。在行业层面，由各细分产业部门进行统筹布局，集合由学术界、产业专家、企业界和政府部门的多方面意见，制定合理的产能合作机制与路线，从产业层面与国别层面两个维度出发，避免出现资源重复、错配、浪费等问题，进而实现中国装备制造业国际产能合作的高效运行。在国家层面，与其他共建国家签订合作计划，推动区域产业园区建设。综合运用经济和外交手段，积极搭建区域合作共享平台与机构，为中国企业"走出去"提供有利条件。

7.4 产能合作的方式优化

7.4.1 以产品出口的形式进行产能合作

长期以来，"一带一路"共建国家始终是中国重要的贸易往来合作伙伴。中国作为出口贸易大国，商品出口始终是产能输出的重要途径之一，尤其体现在金属制品、设备制造等装备制造业方面。

对于具有互补性的产品，比如中国向巴基斯坦、哈萨克斯坦、塔吉克斯坦等部分基础设施建设较为落后的共建国家输出工程机械设备、交通运输及配套设备、通信设备等，向蒙古国、乌兹别克斯坦、尼泊尔等矿产资源国家输出冶金机械设备、采矿机械设备、运输机械设备等，向柬埔寨、印度尼西亚、斯里兰卡等农业国家输出农用机械设备等，要逐步加强双方之间贸易便利化，简化企业出口报关和通关手续，精简出口信贷、出口退税等金融工具的操作流程，与合作国之间签订自由贸易协定或针对特定产品减免关税。

对于具有竞争性的产品，比如机电产品在中国与东盟国家双边贸易额中均占据较大比例，应不断增强自身技术创新，增加出口产品中的技术含量，打造差异化产品，从而实现双边产业内贸易往来持续发展。

7.4.2 以对外投资的形式进行产能合作

除产品出口贸易外，面对"一带一路"共建国家工业体系不完善、基础设施建设相对落后的客观条件，中国企业在实现国际产能合作时更多会选择以对外投资的方式进入市场。考虑到基础设施建设投资具有初期投入较多、回报周期较长的项目特点，目前较为广泛采用的投资模式包括 BT、BOT、BOOT、BOO 等（见表7-1）。其中，BOT（建设（build）-经营（operate）-转让（transfer））模式是其他多种投资模式的演变基础，意味着中国投资企业在得到当地政府某基础设施建设特许授权后，不仅负责项目的设计、融资、建造过程，还拥有项目建成之后一段时间内的经营权，许可经营期内的经营收入全部归投资企业所有。在许可经营期满后，投资方须将经营权交还给当地政府，并退出该项目运作市场。在整个过程中，所建项目的所有权始终掌握在当地政府手中。相较之下，投资企业在BOOT（建设（build）-所有（own）-经营（operate）-转让（transfer））模式下拥有投资项目的所有权与经营权，且经营时间通常长于BOT模式。企业能够在经营期内通过自身合理的运营管理规划获得更多的经营效益与利润，但仍需在特许经营期满后将所有权与经营权移交给当地政府。而在 BOO（建设（build）-所有（own）-经营（operate））模式中，投资企业对项目的所有权与经营权并不受时间约束，即当地政府自合同签订后，完全退出该项目从建设到投入使用过程中的任何环节，全权由投资企业承担风险与收益。与此相反，BT（建设（build）-转让（transfer））模式将项目的所有权与经营权始终掌握在当地政府手中，投资企业在项目建设竣工后即退出当地市场。

表7-1 基础设施建设投资模式比较

投资模式	特　点
BT （建设-转让）	由承包企业进行前期融资、设计、建设工作，建设完成后立即将项目整体转交给当地政府，获得合同前述报酬后，随即退出当地市场
BOT （建设-经营-转让）	由承包企业进行前期融资、设计、建设工作，建设完成后拥有一段时间的特许经营权，在经营期内的项目相关收入均归承包企业所有，特许经营期满后将项目整体移交给当地政府
BOOT （建设-所有-经营-转让）	由承包企业进行前期融资、设计、建设工作，建设完成后不仅拥有项目的经营权，同时持有项目的所有权；在合同约定期满后，将所有权与经营权全部移交给当地政府，其间所得收益归承包企业所有。相对其他投资模式而言，获得回报更高，但需具备更强的经营能力与承担更大的风险
BOO （建设-所有-经营）	由承包企业进行前期融资、设计、建设工作，建设完成后项目即归承包企业所有，后续经营、维护、买卖均由承包企业自行决定，盈亏自负，当地政府不再干预

综上所述，基础设施建设项目的不同投资模式反映的是政府对该项目私有化水平的允许程度。对于可私有化程度较高的项目，如电力资源充足的国家对于发电设施建设可能会采取BOO或BOOT等投资模式。而大多数国家对于石油、天然气的开采以及军工设备制造，甚至包括铁路、港口等交通运输项目，考虑到其关乎一国国计民生的战略意义，通常会采用BT或BOT的投资模式。此外，采取何种投资模式都能够影响投资企业的资金回报周期、投资回报率以及投资承担风险。对于资金实力雄厚、风险承担能力较强且拥有一定建设项目经营管理经验的投资企业，可以选择所有权及经营权许可时间较长的投资模式，以获取更高的经营利润与投资回报。而风险承担能力较弱的企

业可以通过选择BT或BOT的模式来达到获取固定投资回报、规避项目维护及后期经营风险的目的。不同国家对于不同投资模式的具体规定有所区别。对于国际合作模式相对成熟的国家而言，承包企业可与当地政府根据双方能力以及项目自身的具体情况选择合适的投资合作方式。而对于一些外资参与国家建设经验较少的国家而言，相关金融、法律体系及配套政策均不完善，选择空间较小，需要承包企业与当地政府进行进一步探讨与商榷，多数情况下以BOT模式或更为传统的PPP模式展开，如哈萨克斯坦、塔吉克斯坦等国家或地区尚未达成成功的BOT投资合作项目。因此，企业在选择合作方式时仍需考虑投资国当地的实际情况，进而对合作过程中可能遇到的风险和阻碍进行预判与规避。

参考文献

[1]   ABOR J, ADJASI C K D, HAYFORD, M-C. How does
       foreign direct investment affect the export decisions of
       firms in Ghana? [J] . African Development Review,
       2008, 20 (3): 446 - 465.

[2]   DAS S. Externalities, and technology transfer through
       multinational corporations a theoretical analysis [J] .
       Journal of International Economics, 1987, 22 (1-2):
       171-182.

[3]   HUMMELS D, ISHII J, YI K-M. The nature and growth
       of vertical specialization in world trade [J] . Journal of
       International Economics, 2001, 54 (1): 75-96.

[4]   DUNNING J H. The paradigm of international production
       [J] . Journal of International Business Studies, 1988,
       19 (1): 1-31.

[5]   FEENSTRA R C. Offshoring in the global economy:
       Microeconomic structure and macroeconomic implications

[M]. Cambridge, Mass.: MIT Press, 2010.

[6] FRAGMENTATION. New production patterns in the world economy [M]. Oxford: Oxford University Press, 2001.

[7] HELPMAN E, MELITZ M J, YEAPLE S R. Export versus FDI with heterogeneous firms [J]. American Economic Review, 2004, 94 (1): 300-316.

[8] JARILLO J C. When small is not enough: How to save entrepreneurs from themselves [J]. European Management Journal, 1988, 6 (4): 325-329.

[9] KANG Y, JIANG F. FDI location choice of Chinese multinationals in East and Southeast Asia: Traditional economic factors and institutional perspective [J]. Journal of World Business, 2012, 47 (1): 45-53.

[10] KOJIMA K. Reorganisation of north-south trade: Japan's foreign economic policy for the 1970s [J]. Hitotsubashi Journal of Economics, 1973, 13 (2): 1-28.

[11] KOOPMAN R, POWERS W, WANG Z, et al. Give credit to where credit is due: Tracing value added in global production [R]. NBER Working Paper, No. 16426, 2010.

[12] KRUGMAN P, VENABLES A J. Globalization and the inequality of nations [J]. The Quarterly Journal of Economics, 1995, 110 (4): 857-880.

[13] MARKUSEN J R, MASKUS K E. Discriminating among alternative theories of the multinational enterprise [J]. Review of International Economics, 2002, 10 (4): 694-707.

[14] NAGEL R N, DOVE R. 21st century manufacturing enterprise strategy: An industry-led view [M]. Darby: Diane Publishing Co., 1991.

[15] YAO S, WANG P. Has China displaced the outward

investments of OECD countries? [J]. China Economic Review, 2014, 28 (C): 55-71.

[16] TOMIURA E. Foreign outsourcing, exporting, and FDI: A productivity comparison at the firm level [J]. Journal of International Economics, 2007, 72 (1): 113-127.

[17] VERNON R. International trade and international investment in the product cycle [J]. Quarterly Journal of Economics, 1966, 80 (2): 190-207.

[18] WEBER A. Über den standort der industrien [M]. Berlin: De Gruyter Studienbuch, 1909.

[19] 安宇宏. 国际产能合作 [J]. 宏观经济管理, 2015 (10): 83.

[20] 陈爱贞, 刘志彪, 张少军. 中国装备制造业创新的二元分工网络制约 [J]. 厦门大学学报 (哲学社会科学版), 2016 (3): 10-20.

[21] 陈慧. "一带一路"背景下中国——东盟产能合作重点及推进策略 [J]. 经济纵横, 2017 (4): 42-47.

[22] 陈继勇, 蒋艳萍, 王保双. "一带一路"战略与中国参与国际产能合作 [J]. 学习与实践, 2017 (1): 5-12.

[23] 陈建军. 中国现阶段的产业区域转移及其动力机制 [J]. 中国工业经济, 2002 (8): 37-44.

[24] 陈丽. "一带一路"倡议下我国钢铁产业国际产能合作机制的研究 [J]. 冶金管理, 2022 (1): 163-165.

[25] 陈利君, 杨凯. "一带一路"背景下的中印产能合作 [J]. 学术探索, 2016 (10): 36-43.

[26] 陈伟, 王妙妙. "一带一路"背景下中国国际产能合作效率及其影响因素研究 [J]. 经济论坛, 2018 (3): 87-92.

[27] 楚明钦, 刘志彪. 装备制造业规模、交易成本与生产性服务外化 [J]. 财经研究, 2014, 40 (7): 108-118.

[28] 翟蓓. 境外 BOT 项目风险分类研究 [J]. 国际经济合作, 2017 (8): 73-76.

[29] 丁宋涛,刘厚俊.垂直分工演变、价值链重构与"低端锁定"突破——基于全球价值链治理的视角[J].审计与经济研究,2013,28(5):105-112.

[30] 董思雁."一带一路"背景下我国制造业企业优化出口贸易的策略探析[J].对外经贸实务,2017(10):34-37.

[31] 董小君.通过国际转移化解过剩产能:全球五次浪潮、两种模式及中国探索[J].经济研究参考,2014(55):3-18;53.

[32] 冯正强,白利利,陈巧.我国装备制造业省际出口贸易效率及其影响因素分析——基于异质性随机前沿出口模型的实证检验[J].经济问题探索,2018(7):145-153.

[33] 付韶军,孙强.中国对外直接投资与东道国技术进步的关系检验——基于"一带一路"沿线21国研究[J].财会月刊,2017(27):122-128.

[34] 高健飞,何建武."一带一路"地区电力建设与产能合作现状及模式选择[J].对外经贸实务,2019(10):25-28.

[35] 葛鹏飞,黄秀路,王泽润.装备制造业的产能利用率:程度测算与差异分析[J].中国科技论坛,2019(4):78-83.

[36] 顾朝林,陈果,黄朝永,等.论深圳新工业空间开拓——经济全球化、产业结构重建与转移的结果[J].经济地理,2001(3):261-265.

[37] 郭朝先,邓雪莹,皮思明."一带一路"产能合作现状、问题与对策[J].中国发展观察,2016(6):44-47.

[38] 郭朝先,刘芳,皮思明."一带一路"倡议与中国国际产能合作[J].国际展望,2016,8(3):17-36;143.

[39] 郭宏宇.国际产能合作背景、特征与发展思路[J].海外投资与出口信贷,2017(1):16-18.

[40] 郭建鸾,闫冬."一带一路"倡议下国际产能合作风险与对策研究[J].国际贸易,2017(4):19-25.

[41] 郭珂.辽宁省装备制造业竞争力影响因素研究[D].沈阳:

沈阳大学，2020.

[42] 何伟怡，马胜仑，孙学珊. 中国装备制造业能源效率研究——基于 Bootstrap-DEA 模型 [J]. 华东经济管理，2019，33（1）：87-92.

[43] 贺子欣，惠宁. 中国装备制造业高质量发展的测度及影响因素研究 [J]. 中国科技论坛，2023（4）：82-92.

[44] 胡日荣，于治民，查春和. 中国钢铁国际产能合作现状及国别分析 [J]. 中国冶金，2023，33（3）：39-44.

[45] 胡亚男，余东华. 有偏技术进步、要素配置结构与全要素生产率提升——以中国装备制造业为例 [J]. 软科学，2021，35（7）：1-9.

[46] 黄晓燕，秦放鸣. "一带一路"背景下中国与西亚国家产能合作基础与模式研究 [J]. 新疆大学学报（哲学·人文社会科学版），2017，45（5）：1-9.

[47] 惠利，丁新新. 我国装备制造业与生产性服务业的产融发展分析 [J]. 统计与决策，2019，35（11）：120-124.

[48] 金陈飞，池仁勇，陈衍泰，等. "一带一路"倡议下的中欧非国际产能合作研究——比较优势和合作潜力 [J]. 亚太经济，2018（2）：11-18；149.

[49] 冷志明，张合平. 基于共生理论的区域经济合作机理研究 [J]. 未来与发展，2007（6）：15-18；24.

[50] 李峰，王亚星. 产品生命周期、产品质量提升与中国出口市场演进 [J]. 世界经济研究，2019（6）：28-42；134-135.

[51] 李健，闫永蚕. 中国装备制造业综合发展能力评价与时空演变特征 [J]. 统计与决策，2021，37（20）：95-99.

[52] 李佩，靳永辉. 我国保险行业发展态势、困境与路径探寻——基于"一带一路"视野的战略分析 [J]. 技术经济与管理研究，2017（6）：66-70.

[53] 李士梅，李强. 股权结构、产权性质与装备制造企业发展——基于中国A股装备制造业上市公司数据 [J]. 内蒙古

社会科学（汉文版），2019，40（2）：108-115.

[54] 李世鹏，朱兴龙．金融支持与"一带一路"倡议下国际产能合作 [J]．武汉金融，2018（11）：35-37.

[55] 李晓华．后危机时代我国产能过剩研究 [J]．财经问题研究，2013（6）：3-11.

[56] 李焱，原毅军．中国装备制造业在全球价值链中的地位 [J]．国际经济合作，2016（4）：10-13.

[57] 林桂军，何武．全球价值链下我国装备制造业的增长特征 [J]．国际贸易问题，2015（6）：3-24.

[58] 刘会政，朱光．中国装备制造业国际分工地位及提升路径研究 [J]．国际商务（对外经济贸易大学学报），2018（5）：13-24.

[59] 刘佳骏．"21世纪海上丝绸之路"沿线产能合作路径探析 [J]．国际经济合作，2016（8）：9-12.

[60] 刘敏，赵璟，薛伟贤．"一带一路"产能合作与发展中国家全球价值链地位提升 [J]．国际经贸探索，2018，34（8）：49-62.

[61] 刘瑞，高峰．"一带一路"战略的区位路径选择与化解传统产业产能过剩 [J]．社会科学研究，2016（1）：45-56.

[62] 刘似臣，张诗琪．金砖国家装备制造业出口增加值比较研究 [J]．统计研究，2018，35（8）：48-57.

[63] 刘爽．中间品进口对中国装备制造业出口技术结构的影响研究 [D]．大连：东北财经大学，2017.

[64] 刘晓玲，熊曦．对外产能合作、制造业出口贸易与区域经济增长——以湖南省为例 [J]．经济问题探索，2015（10）：132-136.

[65] 刘英奎，敦志刚．中国境外经贸合作区的发展特点、问题与对策 [J]．区域经济评论，2017（3）：96-101.

[66] 刘勇，黄子恒，杜帅，等．国际产能合作：规律、趋势与政策 [J]．上海经济研究，2018（2）：100-107.

[67]　卢根鑫.试论国际产业转移的经济动因及其效应 [J].上海社会科学院学术季刊,1994(4):33-42.

[68]　吕臣,陈廉.民营中小企业深度融入"一带一路"产能合作的困境与建议 [J].经济纵横,2019(6):62-67.

[69]　吕家伟.BT模式下的桥梁工程项目风险模糊综合评价 [J].交通科技,2019(1):125-127.

[70]　吕建中,杨虹,王轶君,等.在"一带一路"国际产能合作中建立企业主导与政府推动的协同机制 [J].国际石油经济,2017,25(4):1-6.

[71]　慕怀琴,王俊."一带一路"战略框架下国际产能合作路径探析 [J].人民论坛,2016(8):87-89.

[72]　聂丽,颜蒙,安真.新兴市场经济周期:特征事实、影响因素与研究展望 [J].东北师大学报(哲学社会科学版),2021(1):132-141.

[73]　宁吉喆.东西合作 优势互补 共同建设"一带一路"[J].中国经贸导刊,2016(16):10.

[74]　牛泽东,张倩肖.中国装备制造业的技术创新效率 [J].数量经济技术经济研究,2012,29(11):51-67.

[75]　乔世政."一带一路"背景下高端设备制造业的发展路径 [J].宏观经济管理,2016(7):68-70;74.

[76]　乔晓楠,张晓宁.国际产能合作、金融支持与共赢的经济逻辑 [J].产业经济评论,2017(2):39-54.

[77]　秦勤,张夏恒."一带一路"国际产能合作的风险及防范建议 [J].工信财经科技,2023(3):88-99.

[78]　邱敏.BOT项目融资方式及其风险分析 [J].中国集体经济,2019(3):99-100.

[79]　曲凤杰,李大伟,杜琼,等.国际产能合作进展状况、面临障碍及应对策略 [J].经济与管理研究,2017,38(4):3-15.

[80]　任继球.推动装备制造业高质量发展 [J].宏观经济管理,

2019 (5): 24-29.

[81]　师成. 新形势下的中俄煤炭能源合作：现状、问题与建议 [J]. 商业经济, 2018 (5): 80-82.

[82]　宋皓皓, 王英. 中国东部省份高端装备制造业发展水平动态综合评价 [J]. 统计与决策, 2021, 37 (7): 85-89.

[83]　苏长永, 李新宇, 林严, 等. 中国钢铁工业国际产能合作案例特点分析及展望 [J]. 中国冶金, 2023, 33 (5): 1-8; 36.

[84]　孙海泳. 中外产能合作：指导理念与支持路径 [J]. 国际问题研究, 2016 (3): 85-94.

[85]　孙慧莹. 中国装备制造业参与全球价值链分工的低端锁定问题研究 [D]. 大连：大连海事大学, 2018.

[86]　童纪新, 徐倩, 李莹. 基于五大空间布局的装备制造业技术效率评价与测度 [J]. 中国科技论坛, 2019 (4): 84-92.

[87]　王厚双, 刘佳斌. 辽宁装备制造业构建自我主导的全球价值链研究 [J]. 沈阳师范大学学报 (社会科学版), 2017, 41 (6): 60-64.

[88]　王厚双, 盛新宇. 中国高端装备制造业国际竞争力比较研究 [J]. 大连理工大学学报 (社会科学版), 2020 (1): 12-27.

[89]　王继源, 陈璋, 龙少波. "一带一路"基础设施投资对我国经济拉动作用的实证分析——基于多部门投入产出视角 [J]. 江西财经大学学报, 2016 (2): 11-19.

[90]　王江, 陶磊. 中国装备制造业技术创新效率及影响因素研究——基于研发与成果转化两个阶段的分析 [J]. 商业研究, 2017 (12): 175-180; 192.

[91]　王泺. 对非援助促进中非产能合作的目标、原则及政策建议 [J]. 国际贸易, 2016 (12): 23-25; 58.

[92]　王瑞祥. 加快推进装备制造国际产能合作 开创"一带一路"互利共赢新局面 [J]. 机械工业标准化与质量, 2019 (2): 13-16.

[93]   王维然，蔡玉洁．中国与中亚国家国际产能合作研究［J］．新疆师范大学学报（哲学社会科学版），2022，43（4）：134-142.

[94]   王鑫静，程钰，王建事，等．中国对"一带一路"沿线国家产业转移的区位选择［J］．经济地理，2019，39（8）：95-105.

[95]   王兴平，卢宇飞，赵胜波，等．"一带一路"中外国际产能合作新兴节点城市研究［J］．城市发展研究，2023，30（3）：1-10.

[96]   王直，魏尚进，祝坤福．总贸易核算法：官方贸易统计与全球价值链的度量［J］．中国社会科学，2015（9）：108-127；205-206.

[97]   卫玲，梁炜．以创新驱动推进"一带一路"产业升级［J］．江苏社会科学，2017（5）：32-40.

[98]   魏敏．"一带一路"框架下中土产能合作面临的机遇和挑战［J］．当代世界，2017（8）：54-57.

[99]   吴崇伯．"一带一路"框架下中国与东盟产能合作研究［J］．南洋问题研究，2016（3）：71-81.

[100]   吴福象，段巍．国际产能合作与重塑中国经济地理［J］．中国社会科学，2017（2）：44-64；206.

[101]   吴红霞．中国与"一带一路"国家产能合作的经济效应研究［D］．长沙：湖南师范大学，2018.

[102]   夏荡．基于GVC的中国装备制造业升级路径研究［D］．北京：北京交通大学，2018.

[103]   夏先良．构筑"一带一路"国际产能合作体制机制与政策体系［J］．国际贸易，2015（11）：26-33.

[104]   项义军，周宜昕．新时代推进我国国际产能合作建设：新模式、新机制和新路径［J］．商业研究，2018（10）：1-9.

[105]   肖进杰，杨文武．"一带一路"建设中的制造业产能合作研究［J］．青海社会科学，2018（6）：31-36；84.

[106] 肖宇，夏杰长，倪红福．中国制造业全球价值链攀升路径 [J]．数量经济技术经济研究，2019，36（11）：40-59．

[107] 熊琛然，王礼茂，屈秋实，等．中国与周边国家地缘经济关系的双向互动分析 [J]．世界地理研究，2019，28（5）：11-23．

[108] 熊勇清，李鑫．"国际产能合作"：制造业海外市场战略转换方向？——"战略价值"与"微观绩效"的评估分析 [J]．科学学与科学技术管理，2016，37（11）：95-103．

[109] 熊勇清，苏燕妮．新兴产业本地（国内）市场对出口贸易的传导效应研究——基于新兴产业成长阶段视角 [J]．国际经贸探索，2017，33（7）：33-44．

[110] 徐景军．"一带一路"倡议下国际产能合作风险与对策研究 [J]．中小企业管理与科技（下旬刊），2019（10）：123-124．

[111] 徐野，陈梁，刘满凤．国际产能合作对企业产能利用率的影响机制研究 [J]．经济地理，2023，43（5）：150-159．

[112] 玄欣田．"一带一路"建设中我国加快推进国际产能合作的路径选择 [J]．对外经贸实务，2017（11）：33-36．

[113] 闫实强，李志鹏，王立．中非钢铁产能合作：形势分析与路径思考 [J]．国际经济合作，2016（2）：4-9．

[114] 杨荣国．"一带一路"公共外交战略研究 [D]．兰州：兰州大学，2017．

[115] 杨水利，叶妍，吕祥．我国与南亚制造业产能合作共生关系研究 [J]．未来与发展，2018，42（5）：35-39．

[116] 尹佳音．"一带一路"国际产能合作绿色转型路径选择及政策建议 [J]．现代国企研究，2022（11）：86-89．

[117] 尹伟华．中国制造业产品全球价值链的分解分析——基于世界投入产出表视角 [J]．世界经济研究，2016（1）：66-75；136．

[118] 尤宏兵，杨蕾．基于共生理论的中国与东盟国家产能合作研究 [J]．经济研究参考，2018 (2)：44-54．

[119] 俞仲文，查振祥．提升装备制造业发展水平，向"制造业强国"转变 [J]．特区经济，2003 (11)：12-14．

[120] 袁丽梅，朱谷生．我国开展国际产能合作的动力因素及策略 [J]．企业经济，2016 (5)：172-177．

[121] 袁易明．中国经济特区开放发展范式对"一带一路"国家的启示价值 [J]．深圳大学学报 (人文社会科学版)，2016，33 (6)：30-34．

[122] 张丹宁，陈阳．中国装备制造业发展水平及模式研究 [J]．数量经济技术经济研究，2014，31 (7)：99-114．

[123] 张洪，梁松．共生理论视角下国际产能合作的模式探析与机制构建——以中哈产能合作为例 [J]．宏观经济研究，2015 (12)：121-128．

[124] 张厚明．"一带一路"战略下我国装备制造业"走出去"研究 [J]．工业经济论坛，2015 (6)：9-15．

[125] 张梅．对外产能合作：进展与挑战 [J]．国际问题研究，2016 (1)：107-119．

[126] 张前荣．我国产能过剩的现状及对策 [J]．宏观经济管理，2013 (10)：26-28．

[127] 张威．"一带一路"战略下国际产能合作的对策分析 [J]．中国商论，2016 (22)：89-90．

[128] 张雨微，吴航，刘航．中国对外产能合作不存在"污染避难所"效应——理论与现实依据 [J]．现代经济探讨，2016 (4)：78-82．

[129] 张玉行，王英．中国装备制造业竞争力评价——基于动态 DEA 与灰关联度方法 [J]．科技管理研究，2016，36 (24)：35-41．

[130] 张哲人，李大伟，李慰．从国际和历史视角看"一带一路"建设的基本原则 [J]．宏观经济管理，2017 (5)：38-41．

[131] 赵东麒,桑百川."一带一路"倡议下的国际产能合作——基于产业国际竞争力的实证分析[J].国际贸易问题,2016(10):3-14.

[132] 赵桐,宋之杰.中国装备制造业的双重价值链分工——基于区域总产出增加值完全分解模型[J].国际贸易问题,2018(11):74-89.

[133] 赵维.基于国际产能合作的我国优势产能海外布局的策略探讨[J].对外经贸实务,2019(1):50-53.

[134] 赵晓菲."一带一路"倡议下国际产能合作风险与对策研究[J].中小企业管理与科技(上旬刊),2018(8):51-52.

[135] 郑春霞.深化与"一带一路"沿线国家产能合作的产业选择——基于区位优势的视角[J].特区经济,2018(12):41-42.

[136] 周晋竹.全球价值链重构的三大特征及对中国的挑战[J].中国对外贸易,2017(1):23-25.

[137] 周业梁,盛文军.转轨时期我国产能过剩的成因解析及政策选择[J].金融研究,2007(2):183-190.

[138] 周志莹.江苏扩大国际产能合作的产业选择及对策建议[J].中国经贸导刊,2017(2):20-23.

[139] 朱欣.基于中国对外贸易分析比较优势理论[J].现代经济信息,2018(18):125.

[140] 卓丽洪,贺俊,黄阳华."一带一路"战略下中外产能合作新格局研究[J].东岳论丛,2015,36(10):175-179.

[141] 闫实强,李志鹏.推进中菲钢铁产能合作的形势与建议[J].国际经济合作,2017(12):77-82.

索引